アイデアが生まれる、一歩手前のだいじな話

アートディレクター
森本千絵

サンマーク出版

「広告とは不意に出会うものだから、商品そのもののイメージだけでなく、別の素敵な、プラスアルファの何かを残したい」

サントリーコーヒー「ボス シルキーブラック」 TV-CM（2012） サントリー
「ボス シルキーブラック」を飲みながら過ごす時間を「音楽（＝オーケストラ）」で表現したシリーズの第７弾。個性豊かな表現者たちがひとつの楽曲を奏でることで、驚くべき喜びのハーモニーが生まれることを、ファンタジックな映像で伝えている。

「人が行き交うスーパーマーケットという消費空間で、
あえてファンタジーを奏でたらいいと思った」

Mr.Children『SUPERMARKET FANTASY』(2008)
OORONG-SHA / TOY'S FACTORY
ジャケットデザインの依頼を受けた段階でアルバムのタイトルは未定。
しかし楽曲の中にこそミュージシャンの届けたい想いがあると考え、
何度も楽曲を聴き込んだ。このとき感じたのは、日常に奇跡を求める衝動。
プレゼンの企画名に『SUPERMARKET FANTASY』と書いた。
それがアルバムのタイトルとなる。

「物語をつくること、その物語の中に何らかのメッセージを託して広げること、
そこに歌と絵があることで人の心を動かす絶対的なものになる」

松任谷由実『POP CLASSICO』(2013)　ユニバーサル ミュージック

松任谷由実との出会いによって、自らの表現のベースにあるものをあらためて自覚。
松任谷から聞いた「懐かしい未来」という表現は、ものづくりにおける大切な言葉となっている。

「日常にある、ふとした偶然から奇跡は生まれる。
何気ない日常から受け取ったメッセージが人生を変えることもある」

Mr.Children『1992-1995』『1996-2000』 新聞広告「水滴」(2001)
OORONG-SHA / TOY'S FACTORY
新聞広告だからこそできるアイデアを模索している中で、父親が偶然、
新聞にこぼした飲み物のシミを見て思いつく。博報堂時代に初めて手がけた新聞広告となる。

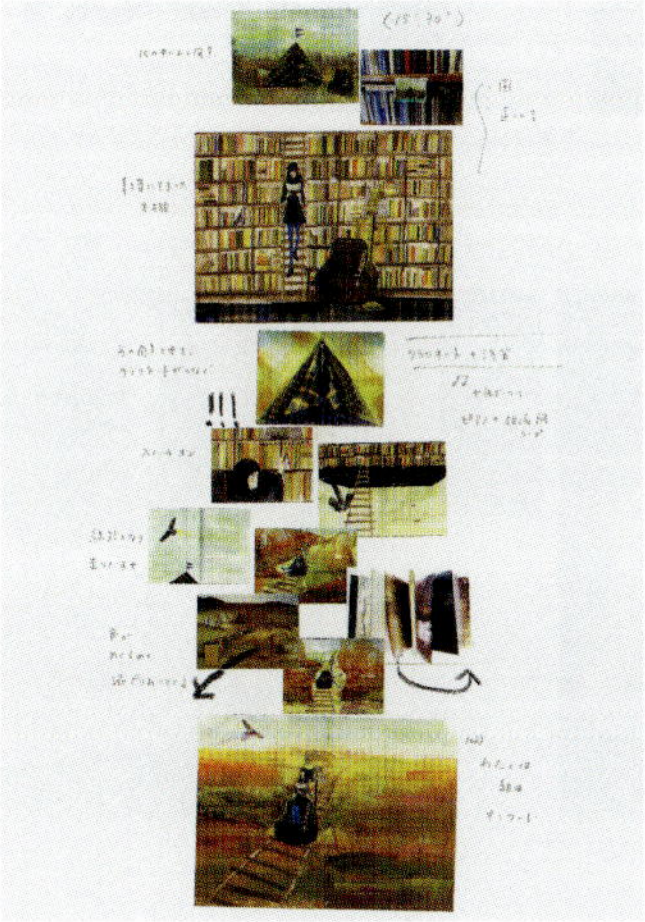

「手描きを大事にしている。ラフスケッチを手で描くことによって、
制作に関わる人たちに質感や匂いまでも伝えることができ、
世界観を共有できる」

「組曲 2013 Autumn & Winter」TV-CM（2012-2013）　オンワード樫山

「絵を描く」という原点に立ち戻り、その絵の中に「世界」を出現させ、
それを映像にしていく方法でつくったCM。
出来上がった映像がいかに原画に忠実につくり出されたかがわかる。

「人に必要とされる形で
これほどメッセージが伝わっていると感じたのは初めてだった」

「Pray for Japan」「節電中です」(2011)
東日本大震災後、全世界でダウンロードし、
印刷して使えるようにとデザインした「Pray for Japan」のロゴと、
首都圏の店や会社などで自由に貼れるようにとつくった「節電中です」のしるし。
実際に多くの人に活用され、ものづくりにおいて大切な気づきを得ることとなった。

「『どんな時代においても、どんな事態にあっても、
人がつながるものをつくり続けたい』と考えつくった」

「歌のリレー」TV-CM（2011）　サントリー

東日本大震災後、不謹慎だからという理由でテレビからはCMが消え、
電気の節約のためにライブが自粛され、街から音楽が消えた。そのような中、
サントリーの契約タレント総勢71人が「上を向いて歩こう」と「見上げてごらん夜の星を」を
歌い継ぐ「歌のリレー」を制作。

Mr.Children『1992-1995』『1996-2000』ポスター「防波堤」(2001)
OORONG-SHA / TOY'S FACTORY
「この絵を描いた人たちと一緒に歌詞を描きたい」という想いから
ポスターの撮影は沖縄で行われた。

「8月のキリン」商品パッケージ / ポスター / ショートムービー (2003) キリンビール
夏限定の発泡酒のパッケージの仕事が来たとき、感じ取ったのは、風がそよいでいる様。
その「風」に寄り添い、その「心地」通りのものが生まれた。この「8月のキリン」はパッケージ、
CMのみならず、そこからイメージした物語が本になり、音楽がCDになり、展覧会にまで発展した。

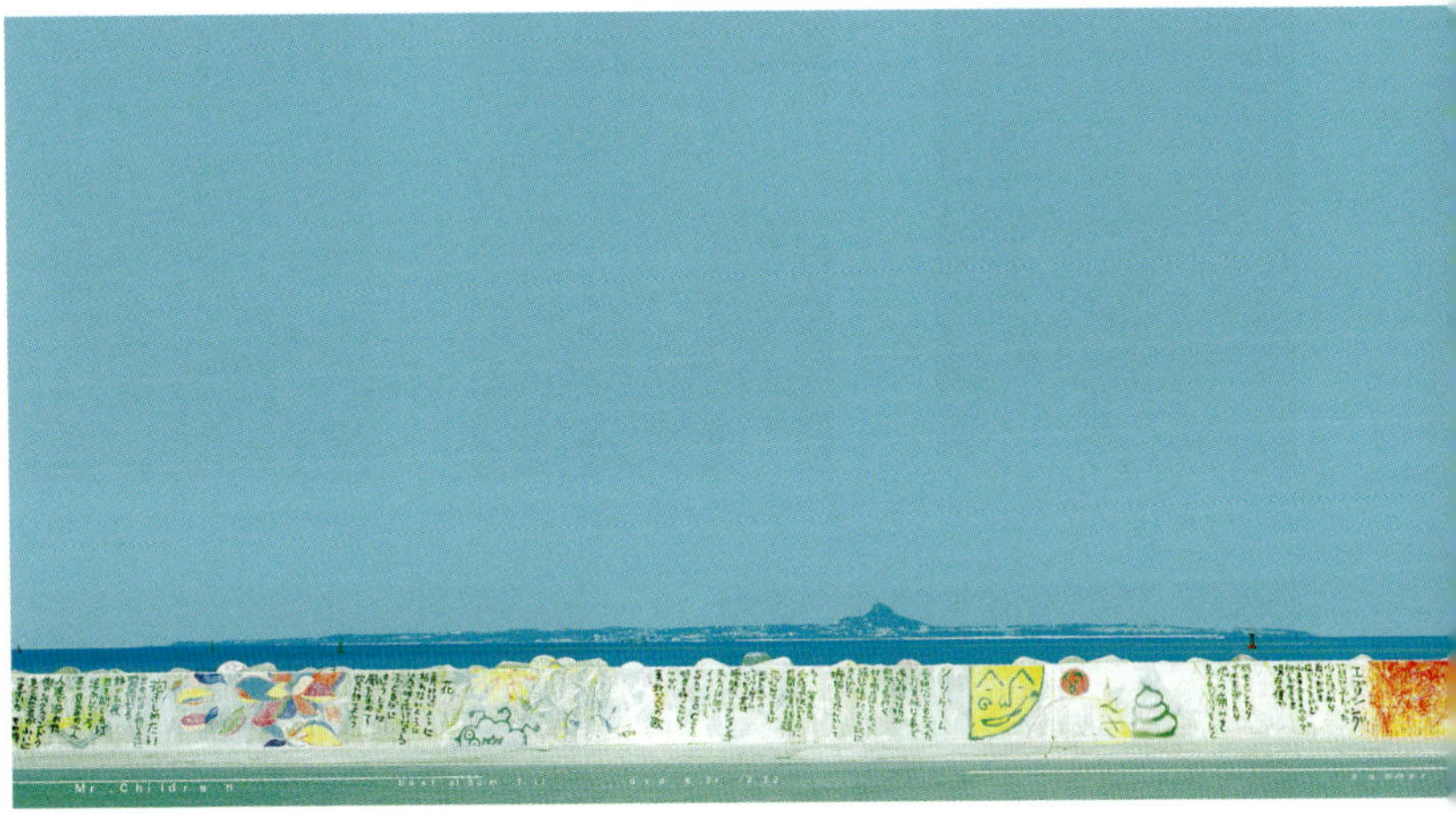

「沖縄の防波堤に誰かが描いた絵と詩を写し撮った写真を見たとき、
何気なく過ごしている、いつもの景色の中に歌はあるんだと思った」

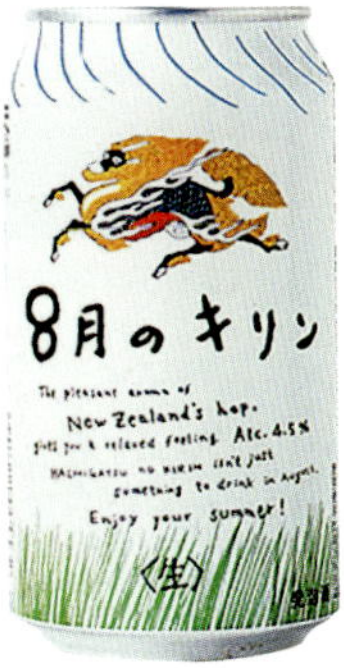

「広告の依頼は、まず『心地がわかる』ことからはじめる。
そのためにはクライアントが持っているイメージをいかに感じ取り、
大切にしていくかが重要」

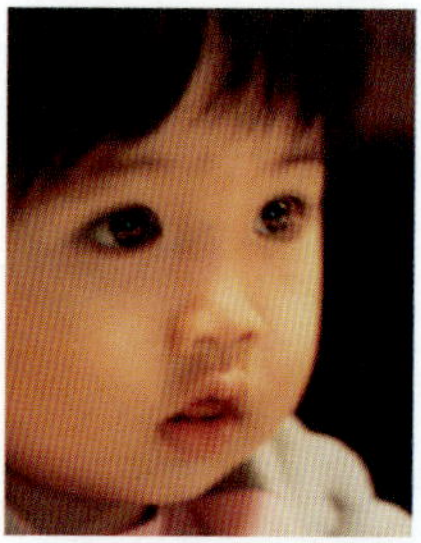

人見知りの幼少期（1978）

祖父とテーラーで（1980）

20 歳の成人式写真(1997)

卒業制作『ラインマシン』（1999）

いつ何があっても味方でいてくれる父(2003)

教会で祖母の洗礼（2006）

サーフィンで水と一体化する（2012）

自ら出演した「ミラーレスカメラ EOS M bay blue」
TV-CM（2013）キヤノン

新たにご縁が結ばれた結婚式（2014）

「すべての出会いは、ただの出会いではなく、
ひとつひとつ奇跡的なこと。それを言葉にするなら『ご縁』」

「goen°ロゴマーク」と「goen°コイン」(2007〜)

2007年、goen°のコンセプトである「出逢いを発明する。夢をカタチにし、人をつなげていく。」の意味を込め、人、自然、五感、楽器、動物、食、モノなどを丸くつないだ円状のマークがつくられた。そこに春夏秋冬のあらゆる場面、あらゆる物事を描き加え、曼荼羅のイメージでつくられたのが写真下の「goen°のロゴマーク」。写真上の「goen°コイン」は、初めて出会った人に「偶然が生んだ必然の縁を大切にしたい」という想いで手渡されている。

「祖母をはじめ家族が集合したとき、
ここにいる誰かが欠けていたら私という存在はなかったのだと思った」

Mr.Children『HOME』(2007)　OORONG-SHA / TOY'S FACTORY

初めて手がけたMr.ChildrenのCDジャケット。
桜井和寿の「人間のからだの七割が水」という言葉をたよりに試行錯誤を繰り返していた中、
入院していた祖母が教会で洗礼を受ける儀式に親戚一同と参列。
そのことが『HOME』が描く「ここにこうして、いる」というテーマにつながった。

「『描くこと』で、絵を描く空気をその場所につくれるようになり、
色を選ぶのも仕上げるのも速くなってくる」

「新聞日記」（2011〜）
一日の終わりに完成させるのが「新聞日記」。本当に描きたいときに
描く力を養う「次に向けて身体を準備するスポーツ選手のウォーミングアップのようなもの」。
その日のチケットや気になって拾ったものをコラージュし、そのときの感情のままに描いていく。

「近隣に暮らす人々をつなぐ動物園の新しいコミュニケーション活動を提案したかった」

「どうぶつ goen°」（2009～）到津の森公園

北九州市にある公園の「自然・動物・人にやさしい施設づくり」というコンセプトに共感し、「どうぶつ goen°」プロジェクトを立ち上げた。

「ワークショップとは目には見えない人の力の向かっていこうとする可能性や、
人の想像力というものをデザインして構築していくこと」

coen°（2008～）

毎月、子どもを対象に開催される coen°は、「何をするか」から一緒に考え、つくっていく。

「日に見える部分ではなく、その前の段階の環境こそが大切」

三菱地所「想像力会議」篇　TV-CM（2008）

商品の広告を手がけるだけでなく、そのつくり手の考え方、会社の体制など内側を変えることにも関わる。
この CM は未来をつくる子どもたちに集まってもらいワークショップを行い、
「大人も未来を想像していくことからはじめよう」と、三菱地所の当時の社長をはじめ、
様々な部署の方々にも参加してもらった。

「生み出すものすべては育ちが関係していると思っている。
つくるものも、描くものも、書くものも、心の中の前世が多分影響している。
だからこそ、うまく育てていけたらと思う」

「母の日『goen° plant planet』」(2015)　三越伊勢丹

眠る前に母親が、自分でつくった話をたくさんしてくれた。それを表したのが上の絵。
母親がひとつの大きな木だとするとそのお話からたくさんの実と葉っぱをもらったと思う。
そして、その話をもとにつくったキャラクターで様々な商品をつくり、
伊勢丹新宿店の全フロアーで販売するプロジェクトが実現した。

「様々なものを並べてみて
これらすべてが『わたしをつくってきた実であり、わたしがつくってきた実』
だと感じた」

「en°木の実」展（2012）

外苑前の「オン・サンデーズ」にて開催された個展。手紙やドローイング、
企画書や原画、思いつきや落書き、拾ってきたモノなど様々なものを詰め込んだ展示となった。

はじまりのことば

大切なことはいつも色や音楽に変えて

「アートディレクター、クリエイティブディレクターになりたいんですけど、どうしたらいいですか？」という質問を学生さんから受けることがあります。そのたびに、アートディレクター、クリエイティブディレクターという職業名はいったい何だろうと考えます。

パイロットやナースは職種名です。だけどアートディレクター、クリエイティブディレクターは免許をとってつく肩書きではありません。子どもの中にももう立派なクリエイティブディレクターはいて、遊びや学校の中でもディレクションをしている子たちはたくさんいます。だから、ある時期からなる、という職業ではなく、育ってきた中での立ち位置や役割でしかないのだろうと思うのです。

私自身、これまでアートディレクター、クリエイティブディレクターとして多くの仕事をしてきました。たとえば、サントリーコーヒー「ボス シルキーブラック」（口絵Ⅰ）やキヤノンの「ミラーレスカメラ EOS M」（口絵Ⅹ）のテレビコマーシャルフィルム、

Mr.Childrenの広告やCDジャケットのアートディレクション（口絵ⅡⅣⅧⅨⅫ）、NHK朝の連続テレビ小説『てっぱん』のオープニング映像の制作、最近では松任谷由実さんのアルバム『POP CLASSICO』の総合アートディレクター（口絵Ⅲ）や三谷幸喜さん演出の舞台『声』の美術監督なども行わせていただきました。さらにラジオのパーソナリティもさせてもらったりと、いろんなメディアや空間を行ったり来たりして、自分でもいったい何をしている人なのかを一言では言えなくなってきています。アートディレクター、クリエイティブディレクターとして関わる仕事とはいえ、そのアウトプットの先はいつも違っており、どの仕事も同じ方法論でつくってはいないからです。

ただ、ひとつ共通しているのは、誰かの想《おも》いを受け取って形にして伝えていくということ、そして、表現するときにはいつも色や音楽がともにあるということ。その根底には「私の原点」とも言える幼少時代の体験が生きています。

思えば、私は小学生の頃から、グリーティングカードに挿し絵を描いて渡したり、替え歌をつくったり、学級会をどう演出するかを考えたり、合宿のしおりをつくったり、教室をどう変えたらおもしろいかなどを考えて提案したりするような子どもでした。いまとやっていることは変わりませんが、そこに至る原体験は、祖父との暮らしの中にあったのです。

両親が忙しかったこともあり、幼少時代、私は自然豊かな青森の祖父と祖母のもとに預けられていました。特に祖父は私にとってチャールズ・チャップリンのような人で、私が何かに失敗したり、泣いたりしても、それを怒るのではなく、色や歌にして教えてくれる人でした。

こんなエピソードがあります。私がおむつを卒業したときの話です。私はお漏らしがなかなか治らない子どもだったのですが、祖父はそんな私を決して叱ることはありませんでした。ある日、雪が降る中、祖父は自転車で外に出かけていきました。しばらくして帰ってきた祖父が買ってきたのは七色の七枚のパンツ。その色とりどりのパンツがあまりに綺《き》麗《れい》でかわいくて、とても嬉《うれ》しくなった私は、おむつではなくそのパンツがはきたいから絶対にお漏らしをしないと約束し、その日からぴたりとお漏らしをしなくなったのです。

音楽を愛する祖父からは、たくさんの歌も教えてもらいました。最初に習ったのは「ユー・アー・マイ・サンシャイン」。英語の単語の意味をひとつずつ教えてもらいながら覚えたその歌を、私はいつも祖父と一緒に歌っていました。その歌を歌えば、私はいつも楽しい気持ちになれました。ある日、私が他の子たちに大好きな人形をとられて大泣きしていたとき、祖父は泣いている私のそばに来て「ユー・アー・マイ・サンシャイン」を歌うのです。その歌を聴いているうちに私はいつの間にかイヤなことを忘れて、笑いながら一緒に歌っていました。

大切なことはいつも色や歌に変えて伝える。

その方が人の心に伝わる。

私は祖父との暮らしの中でそのことを学んだ気がします。

そしてこれが私の表現の原点なのだろうと思うのです。

広告とは「ものの本質」を「人の心」に伝えること

私が広告代理店・博報堂から独立し、自らのデザイン事務所「goen°」を立ち上げたのは二〇〇七年です。「広告をデザインする」ということは、人から発注され消費される商品に対して、クリエイターが自分なりの正解を出して応えていくことです。しかし、そういう中において私がもっとも大切にしている「本当のデザインの価値」とは、それを伝えたい人の想いをいかに汲《く》み取り、その商品が持っている本質や普遍性を丁寧にすくい出し、その本質が見る人の心に伝わるように、いかに形にしていくかです。人の想いを受け取って、人の心に伝わるものにする。それは決して簡単なことではありません。しかしだからこそ、その作業にしっかりと向き合うのです。そうすることで、その広告を見る人、そして発注してくれた人にも、ハッとするような瞬間を与え、その広告を見る前よりも見た後に、より心が豊かになってもらえるようなものがつくれるのだと信じています。

私にとって広告とは、「誰かと誰かをつなぐコミュニケーション」です。だからどんな仕事においても、誰かと誰かの「間」に入り、誰かの想いやその人の素敵なところを翻訳して誰かに伝えるということを、誇りを持ってやっていきたいと思うのです。

そしてその想いは、この仕事を続ければ続けるほど強くなっています。だからこそ、もっともっとひとつひとつ心を尽くし、オーダーメイドでつくり上げていきたいと強く思っています。

他人の方法論でオリジナルはつくれないから

本書では私が、これまでどのように仕事をしてきたかを書いていくので、そこに至る私の信条や仕事の方法論も多く入っていますが、一般的に「こうすればアートディレクターになれる」とか「これをすれば仕事が成功する」という具体的な方法論というよりは、感覚や心の有り様、意識の持ち方に触れていく、ちょっと特殊な方法論になっていると思います。

しかし、それは、私の広告やデザインへの考え方そのものだと思うのです。「こうしたらこうなれる」というものを必死につくり続けたところで、それは誰かの真似《まね》であって、決してオリジナルになるわけがありません。それよりも、人の心が動くもの、それを見た人が自ら動きたくなるようなもの、人と人をつなぐ、目には見えない可能性がそこに感じられるもの、私はそういうものをいつもつくってきたと思っています。

だから私の方法論が、この本を読んでくれた人の感覚や意識に触れて、「こうしたらこうなれる」というところから少しでも自由になることができるなら、きっとその方がオリジナルとは何かに気づくきっかけにつながるのではないかと思います。

アイデアが生まれる、一歩手前のだいじな話

目次

1

2　心と身体《からだ》が動くものを

3

あくまでこだわるとき、こだわりを捨てるとき

4 本物の追求

5

私はこんなふうに世界を見ていた

6

命の前にさらしても恥ずかしくないものを

装丁　葛西 薫・増田 豊
装画　森本千絵
構成　川口美保
編集協力　株式会社 ぷれす
本文組版　株式会社 秀文社

1

すべてのものづくりはご縁からはじまる

日常にはおもしろいことがたくさん転がっている

goen°という私の事務所の名前は、日本語の「ご縁」に由来します（口絵XI）。なぜこの名前になったのか。そのきっかけとなった出会いから話をはじめたいと思います。

そもそものきっかけは、博報堂時代に手がけていた、「HAPPY NEWS」というキャンペーンでした。最初は「新聞をヨム日（四月六日）」キャンペーンへの企画提案で、クライアントである日本新聞協会からの「若い人が新聞を読まなくなってきているから新聞広告をデザインしてくれないか」という依頼でした。しかし私は不思議でしかたがありませんでした。なぜなら、新聞を読まない人たちに向けて新聞広告を出しても、誰も見るわけがないのです。であれば、新聞の中に広告をつくるのではなく、新聞の外に広告を旅立たせようと思いました。それが「HAPPY NEWS」のスタートでした。

新聞はあまり興味を惹《ひ》かれる記事が一見なさそうでも、よくよく読むと、そのちょっとした片隅に小さなおもしろい記事をたくさん見つけることができます。

悲しい事件や難しいことばかり書いてあるのが新聞ではありません。気持ちが明るくなるようなニュースは、日常のいろんなところに転がっていて、そういう視点で新聞を見渡してみると、世界はきっともっとおもしろくなるはずです。

そんな想《おも》いがあって、そのアイデアを形にするため、私は大学生たちを集めて、彼らと一緒に新聞から「HAPPY NEWS」を見つけ出し、それをひとつひとつ切り取ってパウチ加工し、日本新聞協会へのプレゼンテーションの資料としました。

「人の想い」は、時に広告以上のものへ

私はクライアントへのプレゼンテーションにはこれでもかというほど力を入れます。この日もクライアントに「プレゼンという名の最高のおもてなし」をするために、「HAPPY NEWS」と自分でプリントしたTシャツを着て、「HAPPY NEWS」を切り取って丸めた紙や風船をカゴに入れて、赤ずきんちゃんのような格好でプレゼンテーションの場に向かいました。

しかし広い会議室にはスーツを着たおじさんたちがずらり。私の格好はかなり浮いていて、まったく伝わる気配がしません。案の定、「これで新聞が売れるとは思えない」と言われ、

結果、この年、「HAPPY NEWS」の案は採用されませんでした。

それでも私は、日本新聞協会がこういうことをやることで少しずつその趣旨が世間に広がっていけば、きっと何かが変わるのになあと思っていました。そんな想いを抱えたまま過ごしていた一年後、日本新聞協会から連絡が入ります。「あれからじっくり考えたのですが、大々的にやりましょう」というものでした。

翌二〇〇四年、日本新聞協会主催で全国から「HAPPY NEWS」を集める公募がスタート。さらに年に一度、寄せられた記事とそのコメントの中から「HAPPY NEWS大賞」を決める授賞式も開かれることになりました。

第一回の「HAPPY NEWS」大賞に選ばれたのは、沖縄・波照間《はてるま》島でのこんな記事でした。犯罪などない小さな島で、財布が盗まれる事件が起きたそうです。島のお巡りさんは「うちの島には財布を盗む人なんかいない。カラスのしわざに決まっている」と言って、カラスの好物のメロンパンを置いておいたら、メロンパンの代わりに財布が返ってきたというのです。人を疑うのではなく信じる。心があたたかくなる話です。

この公募はマスコミに大きく取り上げられ、授賞式の様子はテレビのニュースやワイドショーでも放映されました。つまり結果的には、新聞広告や十五秒のテレビCMを打つ以上の「宣伝」につながったということになります。

もちろん「HAPPY NEWS」は企業からのお金があっての仕事ではあります。しかしメディアを使いながらも、長い時間をかけて、じっくりゆっくり変えていく「活動」に近い仕事になった例です。いまでも私は審査員として関わり続けていますし、全国の人たちからの公募という形をとるため、みんながつくり、みんなの想いがあってこそ、広がっていくものになっています。私にとっても博報堂で様々な仕事をしてきた中で、いままでにない仕事となったのがこの「HAPPY NEWS」でした。そして私が「ご縁」という言葉に出会ったのも、この「HAPPY NEWS」を通してだったのです。

現場でどんなことに出会いたいか

「HAPPY NEWS」はその後発展し、二〇一三年まで毎年書籍化されました。私は二〇〇六年までその装丁も手がけていました。

二〇〇六年の「HAPPY NEWS大賞」をとったのは、金沢の地方紙の記事でした。足の不自由な駄菓子屋のおばあちゃんのごみ捨てを、その隣の家の中学生の男の子が、家族でもないのに毎日代わりに行っているという心あたたまるニュースです。私はその年の書籍の表紙にその二人の写真を使おうと思いつき、カメラマンの池田晶紀《まさのり》くんと一緒に、二人を訪ねて金沢に向かいました。

私はプロジェクトにおいてキャスティング（人選び）をするとき、この人と行ったら何かが起こるだろうというワクワクを感じさせてくれる人を起用することにしています。表現というものには正解がないからこそ、どこに向かっていくのかはそこに集まる人間の見えない何かがつくる気の流れが決めていくのだと思っています。写真家であれば写真が撮れるし、絵描きであれば絵が描ける。とはいえ、決して誰でもいいわけではなく、プラスアルファで何かがほしいというときに、「その現場でどんなことに出会いたいか」ということを大事にするのです。そのためには現場に誰と一緒に行きたいと思うかが、キャスティングの大きなポイントになります。

「仕事は旅」です。依頼があるから誰かと一緒に動き出せる。それは「旅していいよ」という許可をもらったこと。だから、どんな仕事でも依頼をもらえることは嬉《うれ》しいんです。しかも連れ人も見つかって、その人たちと一緒につくれればなお嬉しい。

このとき、その相手は池田くんでした。池田くんは初めて会う人でも心を開かせてしまう笑顔の持ち主です。「HAPPY NEWS」は小さいハッピーをどんどん紡いでいくものであり、新聞の片隅から少しずつ花を咲かせていくようなもの。池田くんのその笑顔が必要だと思いました。

金沢に着いた私たちはまず、中学生の男の子の家を訪ねました。家の中に入ると、そこには全国の人たちから、大賞を受賞したその男の子に「HAPPY NEWS」をスクラップした冊子や手紙などの手づくり「HAPPY NEWS」がたくさん届いていました。その男の子に自分の「HAPPY NEWS」を見せたかったのでしょう。そういう楽しい連鎖が生まれていることに私は感動しました。一方、池田くんは人懐こい笑顔で、男の子のお母さんから「どうやったらこんないい子に育つんですか⁉」といろいろな話を聞き出していて、居間に寝転んだり、ご飯をいただいたりして、私たちはまるで親戚の家にでも行ったようなとてもあたたかい時間を過ごしたのです。

ひとつひとつが奇跡の積み重ね

続いて私たちは隣の駄菓子屋のおばあちゃんを訪ね、今度はおばあちゃんといろいろな話をしました。おばあちゃんは、自分のことが書かれた記事がこんなに話題になったことにとても驚いていました。

「ただ隣の中学生の男の子がごみを捨ててくれているだけで、私は何もしていない。それなのに新聞に出て、しかもテレビに取り上げられた。そうすると、そのテレビを見て、子どもの頃にこの駄菓子屋に通ってくれていた人たちが『おばあちゃん元気かい？』と訪ねてくれるようになった。私はただ座っているだけなのに、こんなことってあるんだね」と。

そう言って、おばあちゃんは私に訊《き》きました。

「ところで、あなたは何をやっているの？」

私は「美術大学を出て、デザインをしたり、『HAPPY NEWS』というこの企画を立ち上げたり、誰かが伝えたい何かを代わりにつくって形にする仕事をしているんですよ」と説明しました。

すると、おばあちゃんはこう続けたのです。

「ああ、あなたがやっている仕事は、ご縁ね」と。

私はもともと「ご縁」という言葉が好きでした。だけどまさか、デザインという仕事の先で、「ご縁」という言葉、おそらく日本人だけが持つであろうこの独特の素晴らしい言葉に出会えるなんて思ってもいませんでした。

そしてこの企画が最初のプレゼンでは通らなかったこと、日本新聞協会が動くまでには一年かかったこと、しかし、プロジェクトは進み、広がり、こうして金沢に来たことなどなど、ここに至るまでにはいろいろな経緯があったけれど、人間ができることを超えた何かが少しだけ動いてここまで導かれてきたような気がしたのです。

そして、それはこの仕事だけでなく、これまでの仕事もすべてそうなのだろうと思えました。すべては、ただの出会いではなく、ひとつひとつ奇跡的なことなのだ、と。

私は感動のあまり、その場に崩れ落ち、泣きました。それを見ていた池田くんが「これは青春だ！」と言って、二人で海へ行き、海に向かって「バカヤロー！」と叫んだり、勝手に「ご縁」の歌をつくったりもしました。

そして、このとき、いつか独立したら、会社名に「ご縁」という言葉を使おうと決めたのです。

身体《からだ》に染み渡るまで音源を聴き込む

「HAPPY NEWS」のこの出来事と同じ時期、私はMr.Childrenのアルバム『HOME』のジャケット（口絵XII）の依頼を受けていました。それまでMr.Childrenの広告の仕事はしていましたが、アルバム・ジャケットを手がけるのはこのときが初めてでした。

しかもレコード会社の担当者からは、アルバムが『HOME』というシンプルなタイトルであること。そして、ボーカルの桜井和寿さんからメールで来たという「人間のからだの七割が水でできているくらい当たり前のもの」というたった一行の言葉と、「そんな感じのアルバムだから、そんな感じのジャケットにしてください」という伝言をもらっていただけでした。

私はこの依頼を受けてからずっと、『HOME』のジャケット案を考えていました。音楽のジャケットを手がけるとき、私は身体に染み渡るまで何度も何度も音源を聴き込みます。それが仕事だという意識がなくなるまで聴きます。そうすると生活の中に音が入り込み、自分がどう生きて何を感じているかに影響してきます。そうすると、身体からおのずと出てくる形でアイデアを生み出せるのです。

このときもそうでした。しかしいま思えば、Mr.Childrenとの初めてのジャケットの仕事ということで、少し気負いすぎていたかもしれません。折り紙でつくった家の案、ロシアのマトリョーシカ人形の案や、『HOME』を何かの形に変換したものなどアイデアはすでに十個以上出ていました。しかし、それらは頭で考えて出てきた案で、どうしてもまだ何かあるような気がしていたのです。

自分の生まれや育ちがアイデアのもとになる

同じ頃、祖母が病気で入院しており、私は仕事の合間を縫って横浜の病院までお見舞いに行っていました。祖母はもともと生け花の先生で、お花の色彩感覚をとても大切にしている人でした。私がブルーやサーモンピンクなどの淡い色を好むのも、祖母がこれらの色を好きだった影響が大きいようです。

しかしご存じの通り、病室の色遣いは地味で、祖母はそれがあまり好きではありませんでした。個室であればまだ好きに飾りつけができたでしょうが、祖母は何人かと同室で、誰もが同じ色のカーテンに仕切られ、同じパイプのベッドに寝かされていました。しかも先日まで同じ部屋にいた人がいなくなっていくのをそばで見ながら、「次は私かもしれない」と思わざるを得ない状況。それが私にはとても堪えがたかったのです。

私には、人は必ず死ぬのだから、墓場に行くまでその人らしくあってほしいという想いがあります。たとえしゃべれなくなっても、最期までその人の好きな色に包まれていてほしいし、心には一番好きなものを描いていてほしい。

時期は年末に向かう頃でしたから、私は病室にクリスマスの飾りつけをしたり、新しい年を迎えるためのカウントダウンのカレンダーを貼ることにしました。新しい年が来るのを心待ちにすれば、気持ちに張りも出て命も延びるかもしれないと思ったのです。しかし、お医者様に怒られて、はがされてしまいました。病院では、個室でないとそういうことは許されないそうです。

そんなある日、祖母が急に洗礼を受けてクリスチャンになりたいと言いだしました。なぜかと訊くと、自分のお葬式はパンジーなど色とりどりのお花を飾ることができる教会式で行いたいからだというのです。とても祖母らしい理由だと思いました。であればと、神父様に病室に来ていただき、すぐに祖母は勉強をはじめました。そして年末のある日、病院に一日だけ外出を許可してもらい、教会で洗礼を受けることになったのです。

洗礼の日、祖母は頭にウエディングドレスで使うような白いレースのベールをつけていました。もう自分では歩くことができず車椅子でしたが、息子に車椅子を押されながら教会に入ってくる祖母の姿を見たとき、祖母が、人生でもう一度結婚して、バージンロードを歩いているように見えました（口絵X）。

そのとき、こう思いました。ああ、人は人生の最後には神様と結婚するのだ、と。そして、今日がその日で、とうとうおばあちゃんはみんなに見送られ、もう死ぬんだな、と。

教会の中はそれこそ結婚式の両家のような雰囲気で、祖母の兄弟側と、その娘、息子たち側に分かれて家系図通りに並んでいました。人生がその人を主人公とした演劇や映画だとしたら、今日、こうして祖母のために家族が揃《そろ》っている風景は、最後のカーテンコールであり、ラストシーンのようだと思いました。その風景の中にあって、「ここにいる誰もが私とつながっている。もしここにいる誰かが欠けていたら私という存在はなかったのだ」という感慨に襲われました。そしてそのとき、ふと、このことが『HOME』そのもので、「ここにこうして、いる」ということなのだと思ったのです。ああ、これが、私がずっと考え続け、それでもずっと気づけなかった「人間のからだの七割が水」という感覚に近いものだったのか、と。

その瞬間、アルバム・ジャケットは家系図にしようと思いつきました。しかも、どこと限定された場所ではなく、当たり前の場所で撮影しよう、と。「ここにこうして、いる」ということは自分の力ではどうしようもないことだから、自分で立っていられないところがいい。であれば、水の中にしよう。プールの中で家系図をつくろう、と。

祖母の洗礼式はMr.Childrenのメンバーへのプレゼンテーションの二日前でした。プレゼン前日、私は徹夜して家系図の企画書をつくりました。そしてそれまでつくった他の案に加えて発表しました。結果、Mr.Childrenのみなさんも「これにしましょう」と、この家系図の案に賭けてくれたのです。

撮影では、本物の家族を撮ることにこだわりました。しかし撮影は十二月末。日本は真冬で、屋外ではプールに入れません。いろいろな条件を詰め、カメラマンの瀧本幹也さんとも話していきながら、ハワイのマウイ島で撮影をすることにしました。しかも被写体になってくれる家族が全員揃うのは、日本のお正月にあたるクリスマスだけとのこと。それぞれのスケジュールを合わせた結果、年明け一月一日に日本を出発し、三、四日で撮影して、五日には帰ってくるという、とんでもないスケジュールになってしまいました。

そしてその出発直前、祖母が亡くなりました。

迷ったら、「希望のある方」を選ぶ

私が博報堂からの独立を決めたのは、二〇〇七年一月一日、そのハワイに向かう飛行機が離陸するドドドドーッという音の中でした。

大切な家族への想いからつながった『HOME』のジャケット撮影。その流れの中でこう思ったのです。博報堂にいたら企業の大きな仕事はできても、入院している祖母の病院

を明るくするような、普通の人の、日常生活に近いデザインはできない。「独立するならいまだ」と思いました。そのときのことを思い返すと、何かがはじまっていくという不思議な予感があったのです。色でたとえるなら青。実際に見下ろす雲の形はとても美しく、青い世界が開かれていくような感じがして、博報堂に対しても未練はなく、祖母の死に対しても悲しみというよりは、むしろとても清々《すがすが》しい気持ちでした。

そしてその飛行機の中で、「HAPPY NEWS」で出会った金沢のおばあちゃんの言葉を思い出し、会社の名前は「goen°」にしよう、独立の時期はアルバム『HOME』がリリースされた後の四月がいい、と決めました。

そこから話は早かった。同行した瀧本さんもちょうど事務所の引っ越しをするときで、「僕、今度引っ越すんですよ。こういう物件の四階で」などという話をその朝聞いて、「私もどこかいい場所がないか探しているんです」という話をしていたら、その夜、父の知り合いの不動産屋から、瀧本さんと同じ場所の三階の物件情報がファクスで送られてきたのです。そういうタイミングが一気に重なって、もう独立してここに引っ越すしかない、と思いました。

独立を決めたときもそうですが、私が何かを決めるときはいつも、自分の意志だけでなく、そうせざるを得ない物事に出会うのです。

自分の力だけではどうにもできない、抗《あらが》えないことが起こる。そうなると、どんな出来事もそこに向かうためのきっかけに思え、すべてはご縁のような気がしてきます。

しかもそういう流れは急に生じるので、決めるときはもちろん不安でもあります。毎回決断のときはいつもドキドキしています。

しかし、その流れに乗るとなったら乗る。乗るしかない、と思っています。特に大きな決断のときは、とてつもない波が来ているときなので、乗らざるを得ません。そして乗った以上、もう戻れない、降りることができない。だから、前に進むしかないのです。

波に乗るか乗らないかと二者択一できるときもあります。その場合には必ず明るい方を選ぶようにしています。人生はいろんな選択の連続ですが、仕事においても同じ。デザインしていく中でもふたつのデザインの方向性があれば「こっちの方が明るい」と感じる方を選ぶ。それは単に色が綺麗《きれい》とか、見るからに楽しそうということではなく、どこかしら希望がある方を選ぶ、ということです。

そのとき私が感じている「希望」とは、「はじまり」と言い換えることもできるかもしれません。まだ、未完成のもの、だけど夢を見ることができるもの、だからこそ、そこからはじまるものがいい。そういう意味での「希望」です。

決して得意な方に行くのではないのです。たとえば、自分が得意な手慣れたものと、未知だけれど見たことのないものに出会えるかもしれないというものだったら、私は、どんなにリスクがあったとしても未知のものの方を選びます。

徹底的な「一人会議」からアイデアは生まれる

仕事で最終的にアイデアを決定するときの方法はこうです。

まず、ひとつの依頼に対してたくさんアイデアを出していくのは当然ですが、そのアイデアが出揃ったあたりで、最後に目をつぶってその全部を思い浮かべ、自分の中で会議をするんです。そのときの自分の数は二十人以上。ときには百人ぐらいで会議をしていることもあります。

元来、あまのじゃくな性格。これは後の章で書きますが、子どもの頃に育った環境のためか、自分の中にいろんな性格の人がいるのです。そのせいか、この一人会議はやりやすく、その人たちは本当にいろんな意見を言い合います。

「このアイデアはちょっと否定的じゃないかな」

「だけど、それだと格好悪いでしょ」

「格好良さだけを追求しているから人に伝わらないんだよ」

「人に伝わったとしてもおもしろくなかったらまったく笑えないじゃん」

「笑えるだけでかわいさがないと子どもが見ると怖《こわ》いよ」

「だからって丸っこいものばっかりだと音楽と同じで響かない」

「でも伝えようと思ってないと伝わらないよ」……などなど。

当然、意見が出すぎてわけがわからなくなるときもありますが、広告を見る人たちはもっと多数いて、それぞれ違った価値観を持つ人たちです。だからあらゆる視点で会議をして、これだったらこうなる、これだったらこういう未来がある、というあらゆる可能性をシミュレーションすることは大切だと思っています。

その一人会議を徹底的にやった後はこうです。心の中でその全部の案をひとつずつ、手の中でギューッとつかむんです。たとえばAからZ案まであるとしたら、A案をギューッとつかんでパッと手放す。その案がストンッと落ちたらその案はないということにして、それをやっていくうちに、手放しても落ちないものが、必ず一個か二個、手元に残ります。

ミュージシャンの方々もよく言いますが、たくさんのメロディの断片が浮かんできたとしても、必ず最後まで残るメロディがあるそうです。それは自分の身体にすでに入ってしまっているものなのだろうと思います。アイデアもそうで、最後まで残るものを選ぶ。結局、そうやって最後に選択するのは、頭ではなくて「心」であり「身体」。だからそれはすでに自分が本能的に向かいたい生き方としっくりとひとつになっているものなのです。

最終的にそこまで自分と一体化しているアイデアをつくっていく仕事は、果たして「仕事」なのか、それとも「私自身の生き方」なのか、もうそこに差はなくなっています。だから他人から依頼されてつくっていく仕事であっても、その間に生まれたアイデアは、結果的に他人《ひと》ごとではなく、自分と同化していく。そしてそれを選び、つくることで、結果的に私の人生もそちらの方に導かれていくように思うのです。

祖母のことと『HOME』の仕事があったから、独立があったのです。そう思うと、どの仕事も、その仕事をしなかった人生なんて想像もつきません。

溺れそうになったら、力を抜いて流されてみる

何かが大きく変わろうとするとき、私の場合、抗えない波が来ると言いましたが、実際の体験でもこんなことがありました。サーフボードに乗って高知の四万十《しまんと》川を下っていた

ときのこと。途中、激流にぶつかり、水流に巻かれて私は溺れそうになりました。

あやういところを助かったのは、そのとき、近くの川辺にいたベテランの方の声があったから。「流されろ、そのまま力を抜け」という声のおかげです。

川は必ず激流の後、水が溜《た》まっている場所に辿《たど》り着きます。そこでは必ず人間の身体は浮くようになっています。その声の通り、私は頭が岩に当たらないように手で覆い、力を抜いて川の流れるままに流されました。途中、背中にゴツゴツと岩は当たりましたが、それでもあっと言う間に、溜まり水に流れ着き身体はぷかっと浮き上がりました。

サーフィンでよくいわれるのは、「大波に巻かれたときは胎児のようにただ巻かれろ」ということです。頭でその理屈はわかっていても、実際に溺れると、人はもがくし、泳いで陸に戻ろうとするものです。しかし泳いで戻ることなど絶対に無理で、体力が失われるだけ。海の事故のケースの多くは、自分の力で泳ごうとするからだといわれています。

だから力を抜いて流される。だけど流されるときは、力は抜きながらも、「絶対生きる」、「大丈夫だ」と思いながら流されること。それくらい、「生きよう」という想い、エネルギーは大事です。

この四万十川でのことがあって、今度はハワイのカウアイ島で三階建てほどの高さのビッグウェーブでサーフィン中に波にもまれ、意識を失ったこともあります。思えばそれから私の仕事の仕方は変わりました。その後に最初に手がけたのはファッションブランド「組曲」（口絵V）と「niko and...」の二〇一三年秋冬のCMですが、私はこの仕事から、自分で絵を描き、そのスケッチをもとにして映像をつくるというやり方で監督業をはじめています。

何年もこの仕事を続けているから、基礎力が高まって新しいことにチャレンジできるということもあるのでしょうが、それとはまた別に、突然、表現欲が高まり、仕事のやり方やクオリティが変わっていくときがあるのです。それは必ず、誰かや自分の生死に関わることが起きて、喜びや悲しみや「生きていて本当に良かった」という、自分の内側が大きく揺さぶられることが起きた後のように思います。

そんな体験の後には、やはり「そのときにしかつくれないもの」があるのです。だから私は揺れ動いたもの、感情を必ず形にするようにしています。そしてその流れにうまく乗れると、自分とリンクして、その体験を活《い》かせるような仕事が来るようになっているのです。「そんなに、都合良くタイミングって訪れるの？」と思うかもしれません。だけど実はそうではないんです。結果的にいいタイミングだったと思えるように、自分で人生を演出し変えていけばいい。

人生は、自分の思い込みで何とでも変えられます。

だからこそ、すべての出来事が大切で、記念的で、そう思えているから印象に残る仕事に出会えているのだと思うのです。

自分を空っぽにして「相手の力」を使う

水の中の感覚を覚えておくと、それは仕事にも応用することができます。特に初めての人と一緒に仕事をするときは、水の中のように、力を入れず、自分を空っぽにしておいて、ふわ〜っと流れるものを捉えるといいと思います。

もちろん自分なりのこだわりや好きなものはあっていいのです。最近聴いている音楽とか、最近好きな色とか、気になることは大切にちゃんと自分の中に持っておいて、そうでありながら、仕事において、特に初めての人に会うときは、それ以外は何の対策も考えていかないようにするんです。

なぜなら仕事は、最初にイメージが相手の中にあって、その中に答えがあることがほとんどだからです。だからこちらは相手のしゃべっていることを聞いていればいい。そしてその話の中で自分の何かにひっかかることがあれば、そこに少し絡んだり、スパイスを入れたりしていくと、相手のやりたいことがふわ〜っと見えてきます。だから「自分の力で」というよりは「相手の力を」使って形にしていくのだと考えればいいんです。

おもしろいことに、いい力を持っている人との仕事はいい力が発揮されたものができるし、相手がやる気がなくて力を出そうとしていない場合、「とりあえずっぽいもの」がちゃんとできるようになっています。だから、相手がその仕事に気合いを入れていて、「この商品が好きだ」とか「こういうイベントでこういうことをしたいんだ」というポジティブなエネルギーを持ってきてくれたら、その力を損なうことなく、そのまんまの力を活かしながらつくっていくと、私も楽しく、それがそのまま楽しい仕事になるし、その人はまるで鏡を見るように自分が思っていたようなものができる。だから、とても喜んでくれるのです。

しかもその人は私からもらっているものだと思い込んでいますが、実はそれは本人がこうしたいと思っていた形なのです。もともとその人の中に持ち合わせているものであって、ちょっとだけ私が好奇心やそこに反応したものとして気になる要素を使っているから、一見、新しいものをもらったような気になっているだけ。私は何にも自分の力は使っていないのだと思います。

「ふわ〜っ」をいかに感じ取るか

そういう意味で、こちらは「空っぽ」でいいんです。その代わり、そこに流れるふわ〜っとした感じをどれだけ感じ取れて、どれだけ大切にしていくかが重要になってきます。

二〇〇三年に手がけたキリンビールの「8月のキリン」（口絵Ⅷ）は、博報堂初の女性クリエイティブディレクターである太田麻衣子さんから任せてもらった夏限定の発泡酒のパッケージの仕事でした。そのときも、麻衣子さんは自身でどういうものにしたいのか、そのふわ〜っとした答えを持っていました。もちろん、その前にクライアントであるキリンの担当者から依頼の内容を聞いています。ということは、そのキリンの担当者も伝えるときにすでに「こうしたいなあ」というイメージを持っていて、それを麻衣子さんがふわ〜っと受け取って、その上で、麻衣子さんの中で「こんなふうなクリエイティブにしたいなあ」というふわ〜っとしたものがあったということ。そして今度は私が、それがどのようなものなのか、麻衣子さんと話しながら受け取るんです。

このときは、「どうやら風が吹いていて、洗濯物を干していたら洗濯物が風で自然に揺れていた」、そんな感覚のイメージが見えてきました。お酒売り場には勇ましいラベルの商品が並んでいます。夏限定ということもあって、お店に並んだときに、風がそよぐような、そこからストーリーが生まれるようなものだったらいいなあという気持ちもありました。

このように、どんな依頼でもその「ふわ〜っ」を受け取ることからはじまります。こちらを空っぽにして相手の話の持つ雰囲気に寄り添っていくと、「ああ、わかる、わかる」という感覚になれるのです。もっと具体的に言えば、その「心地がわかる」ということかもしれません。まずは何か、「その人の心地がわかる」ところからはじめるのです。

「風」をつかむ、「心地」がわかる

そういう「風」が見えて、その「心地」がわかったら、次は、それを定着させるために、言葉ではなく、まずその心地に合った音楽を探して、その心地になれる環境をつくるようにしています。音は空気を響かせてできるから、その音を流していると作業部屋がそういう環境に変わるのです。だからまずその居場所を、音を使ってその感じにして、そこに身体を慣らしていく。そうすると身体がその心地を覚えるから、何をしていてもその心地に合うものに反応していけるようになるのです。

ちょうど麻衣子さんからその話をもらった前日、知り合いの会社のクリスマスパーティがありました。そこで私はイラストレーターの大塚いちおさんを紹介されて、名刺交換をしていました。名刺の裏には大塚さんの絵が描いてあったのですが、その感じがまたふわ〜っとしていて、同じ「心地」のビートを刻んでいたんです。「ああ、その楽器（絵）、合うな」と思い、すぐに大塚さんに連絡してポートフォリオを見せてもらい、自分が選んだイメージの音楽をかけながら「その感じ」を確かめるように絵を見ていきました。すると、やはりすごく合っていて、大塚さんが描いた線がだんだん揺れているように見えてきたんです。絶対この人と仕事しようと思いました。

いつもそういったことを考えながら、ふわ〜っといろいろな人に会っていく。そうすると、ぴったりの人と出会います。だから流れに逆らうのではなく、風に乗るようなイメージでいいと思うのです。

「この人だ」という勘を大事にする

私は初めての人と仕事をするのが好きです。その場合、その人がどんな実績があるかは関係ありません。だから新人や分野外の人、一般の人とも、平気で仕事をします。大事なのは「気」や「流れ」。

大塚いちおさんはイラストレーターとして有名な方ですが、私はこのとき一緒に仕事をするまで、彼がどんな人でどんな仕事をしてきたのかをまったく知りませんでした。だけど、この人のオーラ、この人の持つ感じだったら大丈夫だと思えたのです。初めての人と仕事をするときに慎重になるのもわかりますが、成功するかわからないけれど、その場で「合う」と感じたからお願いする。そういうワクワクした「勘」を信じると、仕事はより楽しいものになるような気がします。

「8月のキリン」というネーミングも、コピーライターでもなければ、デザイナーのようなクリエイティブ畑の人でもない、マーケティングの人から出てきた言葉を使いました。夏季限定のビールは六月から売りはじめて九月で棚落ちする商品です。六月は「夏がはじまる、ビール飲みたい、いいじゃん！」という気持ちで手に取りたくなる。七月は夏がはじまるワクワクと期待が高まるとき。そして八月は夏真っ盛り。夏が終わっていく九月はちょっぴり切なく、まだ夏を惜しむようにその味を飲みたいと思う。だから「8月のキリン」。とてもいい名前だと思いました。その名前を聞いたとき、また同じ風が吹いて、ふわ〜っとなって、それで「これはいい、もうそれでいきましょう！」となったのです。

大塚さんには私が最初にイメージに合うと選んだ音楽を渡して、「この音楽を聴きながらイラストを描いてください」とお願いしました。そして実際のCMの曲は、音楽ユニットのBE THE VOICEに書き下ろしてもらいました。これもたまたま、この仕事の依頼の少し前に友達のディレクターに彼らのCDをもらっていて、聴いたら、その歌声と私が選んだ音楽とがすごく合っていたのです。それでBE THE VOICEに連絡をとって、同じように私が選んだイメージの音楽を聴いてもらい、大塚さんの名刺の裏の絵も見てもらって、曲を書いてくださいと依頼しました。すべてが同時進行です。BE THE VOICEとも初めての仕事でしたが、彼らなら大丈夫だという確信がありました。

実際大塚さんから上がってきた絵は、青の線がピピピピッ、緑の線がピピピピッというような、もう斬新な何か「気」みたいな絵でした。しかもそれがだんだん風に見えてくるんです。たった一本の線なのにそれが横になると波に見えたりもする。多分、大塚さんの心が描いているから、同じ線でも全然違うように見えてくるし、すべてが生き生きとして見える。私は見えないものを見えるものにするイラストの力に驚きました。さらにBE THE VOICEの音楽も、心に風が吹いているような、そういう感じに上がってきたのです。

そうなると、缶のデザインもおのずと決まってきます。結果、「8月のキリン」は手書き文字でつくっていきました。

相手の初恋を奪うように

初めての人と仕事をするということは、その人の初恋を奪うという感覚です。出会ったときに「じゃあまた今度ね」という挨拶で終わるのではなくて、突然、失敗が許されない仕事をいきなり一緒にやるなんて、やっぱりとても特別なこと。相手も必死になるし、私も必死になる。そのようにするとその仕事は忘れられない仕事になるし、互いにかけがえのない関係になります。そして私も最後まで責任を持つから、当然、仕上がりが良くなり、その仕事を通して新しい発見や成長があって、それは必ず次につながる。しかも今度は、その出来上がったものを見て、他の人たちが声をかけてくれたりもする。そこに新しい、いい流れが生まれる。いいことずくめです。

北九州市にある到津《いとうづ》の森公園の動物園の園長と副園長に、出会ってすぐの頃、キヤノン「ミラーレスカメラ EOS M」のCMの撮影コーディネーターをしてもらいました。それは歌手の木村カエラさんが出演するCMだったのですが、彼女がデジタルカメラで風景を撮影するシーンを撮るのに、実際に彼女自身が楽しんで写真を撮りたいと思うような場所がいいなと思いました。シチュエーションのアイデアは「ファンタスティックな場所で観覧車の上から写真を撮る」ということ。ではその観覧車の上から何が見えたらカエラさんはおもしろいと感じるだろうと考えたとき、東京のお台場からの風景などではなく、観覧車から動物が見えたらいいと思い、であれば到津の森公園だと思ったのです。

ただ、場所は北九州ですから、プロダクションチームからは「段取りやセッティングはどうするの？」と言われました。でも「大丈夫です」と言って、動物園に電話して、園長と副園長に観覧車の許可から夕飯の予約までプロダクションがやることを全部やってもらいました。動物園の副園長にコーディネーターをやらせるなんて有り得ないことなのですが、動物園側も張り切ってくれて、そのポジティブさがすごく楽しい現場の雰囲気をつくったのです。その仕事っぽくなさを、キヤノンの人やカエラさんや動物園の人たちも一緒になって楽しんでくれて、実際にできたCMもすごくいいものになりました。

アイデアの「最後の一滴」を搾り出す方法

よく「アイデアが湧かなくなることはありませんか？」と訊かれるのですが、アイデアが湧かないということはありません。

アイデアは誰でも出すことができます。日々、見ているもの、聞いているものがある限り、アイデアは絶対に出てきます。ただ、それがおもしろいかおもしろくないかということだけであって、みんな、おもしろくてすごいアイデアを出そうとしているから、アイデアが出ないと思っているだけなのです。しかも、そのアイデアがおもしろいかどうかを自分の中だけで判断してしまっていることも多いのではないでしょうか。しかし自分で却下してしまったアイデアでも、もしかしたら誰かにとってはおもしろいかもしれないし、それがきっかけでもっとすごいアイデアが生まれる可能性もあるかもしれないのです。

私は、自分のアイデアはとにかく人に話しまくります。その中にはみんなが困ってしまうような、つまらないものもあります。しかし、相手の表情を見て思いついたことを話して、またその反応を見て再度確認したりする。おもしろいから発言するのではなくて、とにかく外に出してみるのです。アイデアを一度、外の空気に触れさせてあげるのです。

以前、Mr.Childrenの桜井和寿さんがこう言っていました。「最後の尿漏れが一番素晴らしい」と。

音楽をつくるときも同じ感覚があるそうです。確かに私も『HOME』のジャケットのアイデアは尿漏れ感がありました。かなり多くのアイデアを出して、おもしろいかおもしろくないかにかかわらず、すべて形にしていきました。そして、祖母の洗礼式で家族が並んでいるのを見たときに「それがあったか！」と思ったのです。でもそのアイデアは、それまでのものがなかったら決して気づかなかったし、出てこなかったものです。出し切っているから最後の、ずっとずっと深いところにあるものまで出せる。その他のものを出し切っていなければ、最後の一滴は出すことはできないのです。

アイデアはどこにでもあるのです。私は街に出かけてウィンドウショッピングをするのが好きなのですが、それも街にはあらゆるものが溢《あふ》れていて、いろんなものを見て、聞いて、感じられるからだと思います。

しかし、入れるためには空っぽにしておかないといけません。そのためにも、アイデアが生まれたらどんどん出すのです。

ものづくりの核は「外」にある

そういえば、「組曲」のＣＭの音楽をつくってくれている音楽家の高木正勝さんから、先日こんな質問をされました。

「口の中は、身体の中だと思うか、それとも外だと思うか」

おもしろい質問だなと考えていたのですが、私は瞬間的に、「あ、口の中は外だ」と思いました。

身体のアウトラインを縁《ふち》どっていくと、人間の身体の中に口から管が通っていて、腸につながり外に出る、そんな絵を描くことができます。そう考えると口の中は外であり、私たち女性の身体は、外に子宮という袋ができて、その中に赤ちゃんを宿す。少しスピリチュアルな話になりますが、「外に中が生まれ、その中に赤ちゃんが生まれる」。つまり「女性は身体の中に宇宙を持っている」ということになります。そしてそれは、宇宙の中の地球で何かを生み出す私たち人間とも同じことかもしれず、こうやって思考を進めていくと、このテーマで一冊の絵本をつくることができるくらい、高木さんのこの質問は、私に多くのインスピレーションを与えてくれるものとなりました。

思えば、五円玉の真ん中の穴も「外」です。であれば、私が主宰するgoen°も、「goen°の中に『外』がある」と言っていい。

私がこれまでgoen°でものづくりをしてきて実感しているのは、goen°は中の人たちでつくっているのではなく、その本質をつくっているのは「中にある外の世界」だということでした。goen°の中にいるのは私だけであって、goen°の中の外を通る、音楽家やクリエイター、写真家、映像作家、そういう様々な人たちがgoen°をつくっているのだと思っています。

食べ物も、身体の中の外（食道）を通り、外（腸）から、身体はその栄養を吸収していきます。自分のアイデアの出し方もそうなのです。自分の中にあるものや経験だけではなくて、外を歩いていてふと目に留まるもの、ふわっと感じること、そういうものから何かを吸収し、それが栄養となり、ものづくりの上でのもっとも大事な中心をつくっている気がしています。「目に見えない外の何か」が私のものづくりの核となるようなものをつくっている。いかに外のものを吸収することが大事かは、そんなイメージからも納得できるような気がします。

海の中の感覚と感受性でものづくりをする

入れるためにも「空っぽにする」ことの大切さで言えば、私のオススメは海水に浸《つ》かることです。海水に浸かると心身ともに空っぽにすることができます。しかも海に入ると、感受性が高まり、とても繊細な部分まで感じ取れるようになるのです。

私は子どもの頃から「青」が好きでした。青はファンタジーの色で、手ではつかめないもの。たとえば空気。近くで見たら透明で見えないのに、離れて見ると青に見えます。あの感じが好きで、青はとことんその中に入《はい》れる色のような感じがしていました。だからこそ私は青を求めて、「水と一体化したい」という想いが強かった。そうやって青を求めていたから、サーフィンに出会ったのだと思います。

私が主にやっているのはスタンドアップパドルサーフィン（口絵X）という種類のものです。パドルで漕《こ》ぎながらボードの上に立って遠くの沖の方まで行けるので、どんどん青の中に入っていけます。しかし、そうやって沖へと進み、反対に沖から陸を見たとき、それまで青ばかりを求めていた感覚がふと変わっていく瞬間を味わいました。沖から見ると陸の色は新鮮で、そのことにとてもびっくりしたのです。様々な家の色、連なる山の緑の色、いつも陸側にいるから気づいていなかっただけで、海側から見ると青以外の色とはこれほどに美しいのかと思いました。

海に出たからこそ、それまでの価値が逆転して身体がふっと軽くなった体験でした。青の方ばかり求めて行っていたのに「こっち」にも行けるようになった。人はどちらにでも行けるという感覚です。それを知ってから海に入ると無性にスッキリするのです。それまで背負っていたものが全部落ちて自由になるのです。

海の中に入ると「身体のラインが消える」ということも大きいように思います。「自分の中に小さい命が乗っかっている」という感覚になります。都会で暮らしていると、ここが顔で、ここが腕で、と、自分の身体の縁が社会とのボーダーラインで、自分を守るために必死に頑張って生きているという感覚ですが、海に入っていると、いつの間にかそのラインは溶けてしまって、どこが腕でどこが頭だかわからなくなる。ただ、自分の重心はお腹《なか》の真ん中あたりにあって、確かな「ここ（魂）」だけが残るのです。

境界が溶けると、入ってくるものも大きくて、ものすごくいろんなものに触れるので、気配を感じる力が鍛えられて身体感覚が敏感になっていきます。だから海から上がった後は、何を見ても何を聞いても新鮮だし、何を食べてもおいしいし、水を飲んでも酔っぱらうぐらいになるのです。つねにこの感覚と感受性を持ってものをつくりたいと思う、その基準が私にとっては海の中にあるのです。

型にはめず、「境界」を曖昧に

海に入ることは、いろんな意味で境界を曖昧にします。

私はサーフィンで日本全国の海に入るようになり、北海道でもサーフィンをやりました。寒い中でもホットスーツを着てサーフィンをするのです。寒くても海に入るサーファーたちを見ていると、サーファーとは多分、「海に帰りたい」という動物的な本能が残っている人たちなのだろうと思いました。波打ち際から陸に向けて、人間は四本足から二本足になって進化してきましたが、その進化を遡りたいというか、人間になり切れない人たち。もしくは、人間と自然の間を揺れている人たち。それゆえなのか、海のそばにいる人たちはとても魅力的です。逞《たくま》しいと同時に繊細でもあり、そういう人たちの生き方や思考に触れると、現代社会の進化とはいったい何なのだろうかと思います。

考えてみると、人間は現代社会において線引きをし、境界、基準をたくさんつくってきました。たとえば海岸に堤防をつくり、森を崩し区画整理してきたこともそうです。しかし「際」がきっちりしていると息苦しい。洋服がぴったりすぎると身体が苦しいように、堤防で覆われた海岸は呼吸をしていないように思えます。ふわ〜っ、ふわ〜っと、波が出たり入ったりしていることが重要で、「型にはめる」のではなく、人の身体も生き方も、自分で堤防をつくらずに、入るものを受け入れ、出るものを出していった方が健やかなのです。

それは人間関係にも言えます。この人とつき合うといいことがあるとか、「この人とはここまで」と区切ってつき合うのは非常に不自然で危ない。境界を曖昧にして、水彩のようににじむことを受け入れ、エネルギーが溢れるときは溢れさせたらいいと思うのです。

私は定期的に子どもたちを集めてcoen。（口絵XIV）というワークショップをやっていますが、それも最初に決めごとはしません。決めなくても自然に決まっていくのです。それも波打ち際と同じで、人と人との間にも何となく満ちたり引いたりがある。それを誰かが線を引くということ自体が違うなと思っているからです。

自然からは本当に多くのことを教わります。映画も好きで、たくさんの映画に影響を受けていますが、私自身は一か月に二本観《み》るのが限界。それよりも映画を観終わって、自分の中でもう一回その映画の気に入った場面を思い出しながら想いを巡らすことが好きです。目の前に見えていないものに想いをはせる。それでいかにたくさん感動し、いかにクリエイティブにつなげるか。それはものをつくることとの訓練にもなっているように思えます。

だから海に入り、見えないものと戯れるのが好きなのかもしれません。音楽も同じです。見えない、身体で感じることを目に見える形に落とし込むことが私の表現する喜び。だから、そういう感覚になれるものは積極的に体験しているのです。

2

心と身体《からだ》が動くものを

森本式朝の迎え方、夜の閉じ方

私たちの仕事では、サラリーマンのように同じ時間に会社に行くということはないので、一日たりとも同じ日というものがありません。特に私の仕事は多岐に渡っています。ですから、ある日は、朝からアボカドの広告案をフランス人とメキシコ人に英語でプレゼンしたり、ある日は、動物園の広告のプレゼンをした後に動物の檻《おり》に入る体験をしたり、また、ある日は歯医者さんにプレゼンした後に、口を開けて歯石を取られて、頭蓋骨のスキャニングをされたり、と、日々やっていることが違うのです。だから、一日の決まりというのがつくりにくい。

ただ、そういう中で生活のリズムとして心がけているのは朝の掃除です。私は朝早く起きて、出かけるまで三時間くらいは家にいて、その間、掃除をしたり、お風呂に入ったりしています。最近よくやっているのは「裸掃」。その名の通り、裸で水拭きをするのです。裸だからお尻は床につけることができないし、座ることができない。だから必死に掃除をするのです。そうやって部屋じゅうを拭いた雑巾をパーンとゴミ箱に捨てて、最後にお風呂に入る。そうすると汚れがゼロになる。

できることなら、全身ゼロにするために毎朝海に入ってサーフィンをしたいところですが、そうはいかないので、代わりに水拭きして身体を清めるのです。そして、音楽を聴きながら、夕方家に帰ってきたときに一番心地よく感じるような準備を念入りにします。

しかも私は朝の光でないと絵を描く作業ができないため、朝はとても大切。アイデアも日が沈んだら生まれにくくなるので、日が沈んだらつくる作業はしますが、企画はしません。

もともと蛍光灯の灯《あか》りがあまり好きではないんです。青白い人工の光が怖《こわ》いから、絵を描くときはできるだけ自然光で、光が足りなかったらライトを小さくつけるぐらいが限界。そんなふうだから、必然的に朝の時間がとても大切になるのです。

一日の終わりは「新聞日記」で自分を鍛え直す

そしてもうひとつ、毎夜、一日の終わりにやっているのが「新聞日記」（口絵XIII）です。新聞を持ち歩いて、その日に行ったライブのチケットやその日気になって拾ったものを貼ってコラージュしていく。そうやって一日の中でその時々に感じたものを「点」とするなら、その日の新聞に、その「点」をいっぱい描いて、最後、一日を終える夜に絵を完成させるのです。

忘れられないものを毎日つくろうという気持ちが強くなって、二〇一一年の東日本大震災のすぐ後、家にいて節電中に、白い紙に描くのではなく新聞を読みながらその日にあったニュースを思うままに絵で塗り潰していったのが「新聞日記」の最初です。そのときは原発事故を報じた記事の上に、そのときの感情のまま、反射的に手を動かしていくという感じで描いていきました。

「新聞日記」は紙が新聞だからくしゃくしゃにして持ち歩けるし、折りたたむこともできます。続けていくと、生活の中で場所を移動しながら、どんなときでも、どんな場所でも描けるようになってきます。旅や出張で地方に行ったときも、全国どこでも新聞はあるので、そこの地方紙を使って、移動の最中、新幹線の中や、店で食事が終わってお皿を下げ終わったときにポケットから出して、その店のコースターを貼るなどして、一気に描きはじめたりもするのです。

「新聞日記」は、二〇一一年にスタートして、二〇一二年の年末に開催されたワタリウム美術館内オン・サンデーズでの個展「en°木の実」展（口絵XVI）まで続けていました。これはそれまでの自分の作品を一度すべて吐き出そうとして開いた個展で、そこに「新聞日記」も展示させてもらいました。その個展をやることで私の中では一度ゼロに戻ったため、個展後は記録し続けるのはやめようと、「新聞日記」自体、約一年間お休みしていました。それを二〇一四年に入って再開したのです。というのも、久しぶりに絵を描くことを増やそうと思い、そのためには反射神経を良くして、手を動かすスピードをもっと速めたいと思ったからです。

その時々の社会的な出来事が描かれている新聞の上に、日々の自分の深層心理をビジュアル化していくわけですから、毎日続けていくと、色を選ぶのも描くのもだんだん速くなってきます。だからいま、ポンポンと、おもしろいほどの速さで描けるようになっています。「新聞日記」は記録であり、傷跡です。だから吐き出すように描く。そしてそうやって「描くこと」で、絵を描く空気をその場所につくる。そうすると、ビーチサイドでもどこででも、そこに絵の空気をつくることができるようになります。次に向けて身体を準備するスポーツ選手のウォーミングアップのようなものです。

こうして寝る前に毎日「新聞日記」を描くことで、一日の終わりを閉じていくのがいまの日課になっています。

忙しいときほど意識的に「隙間」をつくる

忙しくなってくればくるほど、気をつけていることのひとつが、「隙間」をつくることです。音楽を聴くことや仕事と仕事の間の移動で車を運転することなどで、連続する仕事の間に「隙間」をつくるのです。仕事に入るときも、いきなり本題に入るよりも、前の仕事から緩やかにグラデーションのように次に移行していく方がいいので、その間をつなぐ要素として「無駄な会話」を大切にします。そうやって、ひとつの仕事のテンションの終わりかけと、次のはじまりがうまくつながっていくように流れをつくる。だからスケジュールを組む段階から、前の案件から次の案件への流れがうまくいくように考えます。

それはDJの感覚に近いかもしれません。優秀なDJというのは、うまく時間の流れをつくっていきながら、一曲一曲の盛り上がりも感じさせます。そういうふうに毎日のサウンドトラックを紡いでいく。だからたまにマネージャーが組んだスケジュールで流れが悪い打ち合わせが続いていると、どちらかをキャンセルすることもあるくらいです。それは無理な流れの中で実施しても怪我《けが》をするだけだからです。多分、何もアイデアは出せないし、しゃべれない。結局、時間の無駄になる。それだったら違う日時にした方が成果が上がるだろうという判断です。

そのくらい「気分の組み立て方、つなぎ方」は大事なもの。この音とこの音、この色とこの色という組み合わせに絶対に合わないものがあるように、ひとつひとつの仕事は別々のものであっても、絵を描くモードに入っているときに、この人とこの人の打ち合わせは入れられるけれど、その打ち合わせが入ってしまうと次にもう絵が描けなくなる、ということはあるのです。

しかも、その日一日の流れをうまくつくれるようになってくると、前の打ち合わせのことが次に活《い》かされたりする。いろんなタイミングが合っていきます。

とはいえ、普通の会社員であれば、打ち合わせの流れを自分で組むことは難しい。かくいう私も新人のときはそうでした。その頃は、発想力と瞬発力、テクニックといった「パワー」で押し切っていたので、心地や気分は二の次でした。しかしいまは心地や気分が発想の定着の材料だとわかってきて、「心地や気分」と「つくるもの」は、関係があると年々感じてきています。

私が会社員の頃は、ひとつの打ち合わせから次の打ち合わせへの流れが悪かったり、プレゼンでイヤなことがあって落ち込んだり疲れたりしたときには、「気分」を変える工夫をしていました。

当時、お台場には「ビバ！　スカイダイビング」というフリーフォールのようなアトラクションがあったのですが、仲間を連れて車でパッとお台場に行って、そのアトラクションで高いところから落ちると、心臓がふわーっと浮くようで、悪い流れがリセットできるんです。それから、また会社に戻って、気持ちを新たに仕事をしたりしていました。

これは一例ですが、そのような気分を変えるための「隙間」を自らつくるといいと思います。うまくいかないときは特に、打ち合わせと打ち合わせの間に次のプレゼンのことを考えるよりも、気分を変えたり、その次の企画に気分を合わせるようにするんです。自分の気分が変わらずにアイデアを無理やり出すよりは、自分が変わった方が早い。企画書を十枚増やすより、その打ち合わせで百倍ぐらい濃い中身をしゃべれる身体にするのです。

「居心地」と「ものづくり」の関係

「どういうところで作業をするか」、その「場所」もまた、ものづくりには大きく関係しています。私は博報堂のときから、どの部署に行っても「すぐ森本が席を占拠する」とか「会議室を勝手に森本部屋にしちゃった」とか、大げさな悪口をよく言われていました。

というのも、自分でクッションを買ってきたり、椅子を購入して搬入したり、看板をつくりはじめたり、勝手にお気に入りのものを飾ったりして、仕事の部屋を自分の心地いいようにリメイクしてしまっていたからです。

私はまるで動物が巣づくりするかのように、宿泊先のホテルに一泊するだけだとしても、ベッドの横のスタンドの位置が気に入らなかったら場所を変えたり、絵の位置を変えたり、私にとってちょうどいい具合に模様替えをはじめて、「私っぽい部屋」にしてしまいます。

仕事場であればこっちにクレヨンを置いて、こっちで描いて、と、自分のやりやすいように決めていくのです。与えられた場所できちんと仕事をこなすというよりは、与えられた場所を変えるところからはじめる。それは自分の基地をつくるということかもしれません。思えば子どもの頃からそういうことが好きで、それをずっとやり続けている気がします。

当然、家でもそうで、絵を描く場所なら、筆はこの位置で、紙はこちらという感じ。三センチ単位でスタンドを動かすなど、徹底的に「場所」をつくります。キッチンであれば、お玉の並ぶ順番は絶対これじゃないとダメだとか、必要なものがなければ必ず揃《そろ》えるとか。何かひとつ、別のものが加わっただけで、まったく料理のしやすさは変わります。与えられたものだけで、健気《けなげ》に頑張って働くというのはどうやら私には無理なようです。自分の心地よい手順、空間をつくって、そこで作業する方が、結果、いい仕事ができる。だからそちらに時間をかけるのです。

そうやって自分の居心地がいいように毎日巣づくりし、一日のスケジュールも自分で気の流れをつくる。そして、大きな波（運命）には流されながらも、すごく小さなたくさんの反抗を重ねていく。

スケジュールを事前に組み立てながらも、その時々に突発的な出来事が起こったらそっちにポーンと気持ちよく乗っかっていくというのもおもしろいと思います。そのときの「気分」は大切だから、以前からどんなに楽しみにしていたライブや飲み会だったとしても、当日のテンションが違ってくると行かないこともあります。そういう部分ではつき合いが悪いということになるのかもしれませんが、それもそのときの「気」を大事にしたいからこそなんです。

そのときに自分がどういう気持ちでいるかを感じ取り、そこに正直でいることは大事です。一度決めたからとそれにこだわりすぎてしまうと、大切なときに動けなくなります。

たくさんではなく、たった一人に愛されれば何とかなる

着ていく服もその日の気分を大事にするし、プレゼンで会う相手によって変えていきます。うまく流れができてくると、そのときの気分で選んだ服の色が、後で新聞の占い欄を見たら今日のラッキーカラーだったなんていう偶然もよく起こるようになっていきます。

しかし私なんてまだかわいいものです。私がよく仕事でご一緒するヘアメイクアーティストの冨沢ノボルさんは徹底していて、撮影の内容によって自分の髪型まで変えてきます。上には上がいる。すごくハイテンションで声も大きいし、笑い声も大きい。ノボルさんには邪気がない。あれだけ音を響かせて、大声で笑って、ひとつひとつに昇華させていたら、そうとうスッキリしているはずです。モヤがかかっていない、すごく健康的な生き方をされているのです。ノボルさんに比べるとまだまだ私なんて生ぬるい。だからこそせめて、その時々に合わせて自分でテンションをつくっていくということは心がけているのです。

前章で「プレゼンはおもてなし」ということを書きましたが、私は最初の幕開けをすごく大事にしていて、華々しい衝撃的なプレゼンをすることに力を注いでいます。第一印象を一番良くするのです。「Welcome to my world!」という世界をつくる。幕がパーンと開

いたとき、これから乗る船とそこから見える港の景色こそ、クライアントが「おおっ！」と惹《ひ》き付けられるものにするのです。

そうやって最初に心をつかむと、人はうっかりその船に乗ってしまいます。乗せてしまったら、後は一緒に流されましょうというスタンスです。その後は、雷が鳴っても嵐が来ても、それは自然のことなので、身をまかせていくしかない。

仕事の人たちとはできるだけ仲よくやりたいのですが、浅く広くいい関係を続けるのは苦手で、クライアントの中でもキーマンになる一人としっかりコミュニケーションが取れればいいと思っています。たくさんの人に愛されるよりは、その中のたった一人に深く愛されれば何とかなるという考えです。

プレゼンもクライアントが十人いれば十人用の資料をつくりますが、どんなに人が多くても相手は一人だと思って資料を用意します。人数が多いと、だいたいプロジェクターで概要を映して説明したり、「二人でひとつの企画書を見てください」としたりしがちですが、そこは必ず一人ひとつ。何人いようが「一対一」。手元で見ることができるサンプルも人数分つくっていきます。先日のプレゼンはつくったキャラクターのお面も一人ひとりに用意して、最後はみんな楽しくなって大笑いしました。そこまでやる必要はないとはいえ、「ここでこう盛り上がったらおもしろいかな」と考えることにワクワクするのです。

誰か一人の心に届かないものは、結局、誰の心にも届きません。多くの人に届くということは、一人ひとりに届く、ということ。その想《おも》いがたまたま同じように思ってくれる一人ひとりに届いて、結果売れるということにつながるのだと思います。

身体でアイデア、想いでプレゼン

プレゼンは一人ひとりに向けて万端の準備をすると書きましたが、それと同じくらい大切なのは、その場の「即興力」だとも思っています。

もし企画書や資料を持ったスタッフが乗った電車が止まってプレゼンに間に合わないことがあったとしても、私の身体さえそこに行けるのであれば何とかなると思っています。たとえ準備している資料が最強のものだったとしても、それがなくなったからといって頭が真っ白になるということは絶対にありません。その場で黒板に描いたり、しゃべったり、演じたり、どんなことがあっても伝えられる。

普段なら恥ずかしくてできないことも、プレゼンの瞬間、アイデアを共有するとなった瞬間に、心臓に毛が生えて、どんな人たちが周りにいようと大丈夫になるのです。それは自信があるということとは少し違って、楽しいことが好きだということです。楽しくしたいという想いでプレゼンに臨むわけですから、楽しくなるようなアイデアを説明し続けるのは苦にならないのです。

というのも、私は、頭ではなく、身体でアイデアづくりをしているからかもしれません。すでにそういう身体になっているから、資料がないとお手上げという状態にはならないんです。あくまで資料はおもてなしとして、そのパワーを上げたり、広げたり、わかりやすく想像してもらうための手段であって、アイデア自体は身体に定着しています。

後は、クライアントに伝えたいという必死の想いがあればいい。伝えたいと思わないと伝わらない。うまくしゃべる必要はないんです。いい俳優の演技と一緒で、同じセリフをしゃべっても伝わる人と伝わらない人がいる。伝わる人は、成功しなければとか、気に入られなければということより、「伝えたい」という気持ちを抱いている人だと思います。その想いが一番響くのです。

単にクライアントとのおつき合いをうまくこなしたいという気持ちではないから、プレゼンで嘘《うそ》はつかないし、無理をして、できないことをできるとは言いません。自分ではできないことでやりたいと思えることがアイデアとして生まれてきたら、「やりたいやりたい」発言をして、「そちらですごい人を知りませんか？」と平気で訊《き》きます。すると、誰かが「うちの『誰それ』にはやれるかもしれません」などと言いはじめることが多い。そうなれば、後はそこに投げてしまうのです。できる人がやればいいのです。できる人とそのアイデアを進めていけばいいのですから。

力を入れるのは最初と最後、途中は楽しむ

ひとつのプロジェクトに取りかかるとき、アシスタントともできるだけ最初から想いを共有します。もしできることなら、アシスタントも全員プレゼンには連れていきたいし、カメラマンも連れていきたい。関わるスタッフには全員、出発地点から同じ方向を見てほしいと思っています。スタッフには「私」を見てするのではなく、「私と同じ方向」を見て仕事をしてほしいからです。もっと言えば、そのとき、私より気持ちが高ぶってもらえるとありがたい。

先ほども書きましたが、私はプレゼンに力を入れてみんなを船に乗せるのは得意ですが、持久力がないタイプ。だからこそ、初めは、プロジェクトに誘う人たちにもどれだけこれをやりたいかという想いを必死に伝えるんです。「だからあなたたちの力が必要だ」と。

するとその想いは熱く響いて、カメラマンやヘアメイクさんたちも、すごくプレッシャーに感じながらも、「俺がやんなきゃ！」となるんです。その「やんなきゃ！」という想いで進んでいるうちに、私に依頼されたということは忘れて、自分がやらないとこの仕事は成立しないと思うようになっていきます。できることなら、「この仕事に『森本千絵』という名前だけがクレジットされるのは許せないなあ」と怒りが出てくるくらいの方が嬉《うれ》しい。「自分がアートディレクションをしているんだ！」ぐらいの気持ちでノリノリに仕事をしてもらえたら最高です。そうなると、逆に私が頼んだ人に引っ張られていくようになります。自分で投げておきながら自分が最終的に引っ張っていってもらう。そうするとすごくおもしろいものができるのです。

最後はその熱を私が受け取って仕上げることになるので、もちろん力が入ります。プロジェクトを進めている間じゅう、ずっと力を維持していくのは無理だから、私は最初と最後に力を入れる。途中は楽しんでいるだけ、と言っても過言ではありません。

自分が全部線を引かなくてはいけないとなると大変です。立ち上げと仕上げには責任を持つけれど、間はちゃんと他力本願する。スタッフの力を信じることも成功の大事なポイントです。

音楽にすると感覚を忘れない

音楽は、気分を共有するための大切な道具だと書きました。その仕事の雰囲気を音楽として捉え、その方向性、音楽が決まりさえすれば、もういくらでもキャンペーンを思いつくくらいです。音楽は話すよりも早く伝わるんです。

その仕事の「感じ」の音楽を探し出すのは、ライブやラジオからの場合もあれば、人からもらったCDや、ジャケ買いで出会ったCDからなど、様々です。

そうやってひっかかってくる音楽を二十曲前後から絞って、CDを焼いて、ずっとリピートしながらかけて作業をしていきます。合わないなと思う曲が出てきたら数曲ぐらいずつ消して、最終的には五曲ぐらいにします。すごいときは「これ！」という一曲に絞られることもある。それをずっとリピートして、打ち合わせ中、プレゼン中、撮影中、ずっと聴いていくんです。

合う音楽を選ぶということは、フィーリングをつかむということです。言葉とビジュアルはすぐには形にならないけれど、感覚はすぐつかむことができるので、依頼のときに依頼主が持つ感覚を持ち帰ってすぐに形にするために音にするということなのです。

「組曲」の2013 Autumn & WinterのCMのときもそうでした。私の頭の中のイメージが最初から鼓動やリズムの形で音楽のように聴こえてきて、「この距離・この高さ」に女優の石原さとみさんがいるというビジュアルが浮かんできました。それを忘れないような音楽を選び、それをもとに音楽プロデューサーの高木正勝さんにイメージを伝えてオリジナルのCM曲をつくってもらいました。最初に、気持ちのスピード感——車で言う速度や流れる車窓の風景が、イメージの中に確実にありました。選んだそのテンポの音楽を聴けば、その感覚の中のワンシーンが浮かんでくる。それに沿って絵コンテをつくっていくと、完全に音も絵の具の一部になるくらいにぴったりとしたものが生まれます。

本の装丁にも同じことが言えます。写真家の写真集をつくるときも、その人に好きな音楽のCDを焼いてきてもらって、それを聴きながらつくるんです。これらの写真が写真集として一冊になるときに、どんな感じの音がそのイメージに合うのかを自分が持っている好きな曲の中から選んでCDに焼いてきてほしいと伝えるんです。

薄井《うすい》一議《かずよし》さんの『マカロニキリシタン』という写真集の装丁は、わりとダークでパンチのあるものになったのですが、それも薄井さんが選んできた音楽がそういうものだったからです。また、石田ひかりさんの『しあわせのかたまり——赤ちゃんの　ちいさくて可愛いものたち』という本は、その内容がお母さんが子どもの洋服をつくるというものでした。それも石田ひかりさんにCDを焼いてきてもらって、その音から、カメラマンはこの人だなと浮かんできた市橋織江さんに撮影をお願いしました。製本の紙もそれを聴いてから選びました。

音楽は共有しやすいのです。打ち合わせの段階で、「こんな感じで」といろんな本を視覚的な参考として出されるのは苦手です。根本的に完全なオリジナル作品をつくりたいので、見た目を言われるよりは、音楽でイメージをもらう方がいい。たとえば写真集をつくるのに写真集を渡されたら、それを真似《まね》するしかないですが、音楽だったら、その音楽のようなものをつくれる。だって私はまだ世の中にはないものをつくりたいのですから。どこに旅に行った感じというのもいい。そのように「感じ」で伝えてもらえる方がものをつくりやすいんです。参考にしたい本があるのなら、その本のどんな感じが好きなのか、その感覚を教えてほしいと思っています。

広告は不意に出会うもの

私は広告をつくってはいますが、広告を崇拝し、信じきって愛しているというわけではありません。生活者として、既存の広告を見て、要《い》らないじゃないかと思うことさえあります。

私が好きな広告とは、商品そのもののイメージだけでなく、別の素敵な、プラスアルファである何かを残してくれたり、想像力を膨らませてくれたり、心躍らせてくれたりするものです。

広告は、映画館に行ってお金を払って見るものでもなければ、テレビ番組表を見て時間を合わせて見るものでもありません。ドラマを見ていたら流れたテレビコマーシャルや、街を歩いていたら見かけた交通広告、雑誌を広げたら載っていた広告といったように、意図していないときに不意に出会うものです。

その突然の出会いの中で、広告に使われている言葉、もしくは写真や絵が「いまの私自身」にすごく響くなと思うものだったら、その人とその広告はいい出会いをしたわけです。そういう「いい感じ」の衝撃を与えてくれるものに、私の広告がなれたら嬉しいと思っています。

たとえば、私自身は、一九八三年のサントリーローヤルの、砂漠をサーカスの一団が行進するシリーズや、葛西薫さんが手がけたサントリー烏龍《ウーロン》茶のシリーズのＣＭがすごく好きでした。姉妹がバレエを踊る映像を、「ああ、綺麗《きれい》だな」と思って見ていたのです。その映像は飲み物を飲むときの気持ちよさ、その美しさに触れる感じがしました。バラエティやドラマの間に、そういう綺麗なものと不意に出会えるとうっとりしたものです。

アップル・コンピュータの「Think different.」の「クレイジーな人が世界を変えるかもしれない」というシリーズも、アップルの商品がどうのという前に、クリエイティブなプロダクトをつくったり、新しいものをつくっていこうとする精神を見せられたような気がして、私も頑張ろうと思えました。別に「アップルを買ってよ」ではなく、そういうクリエイティブなものを掻《か》き立ててくれたCMに出会えたことはとてもありがたいことだったと思います。

しかもCMは、突然出会う、どこか事故的なものなので、もう一回見たくてもいつ流れるかわからない。だからこそ色気があるんです。ドラマを見ていたのに、あるCMに出会ってしまって、気持ちが一瞬ふっと浮気する。ドラマよりCMに出ている女優さんをかわいいと思ったということでもいい。何かちょっと心が動かされてしまうものが不意にやって来るというのは、広告というメディアが持つ他にはないおもしろい特性だと思います。

それはラジオから流れてくる音楽にも似ているかもしれません。ラジオをつけていて、不意に流れてきた音楽が、いまの自分の状況と重なってテンションが上がったり、ふと、懐かしい曲が流れて涙が出そうになったりする。広告も誰かにとってそういうものになれたらいい。だからこそ、つくり手である私は、いつ誰が見ても、いつ出会えてもいいようなものに仕上げておきたいのです。

特にいま、ニュース、ドラマ、ワイドショーなど情報過多な番組が多いです。そこにプラスして、CMもドラマや芝居仕立てになっていたりすると、おもしろいとは思うのですが、人に想像力を与えないような気がしています。

バラエティの番組ですら常時、字幕スーパーを出しますが、ちゃんと言葉が聞こえていて、しゃべっている人の表情も見えて、そこに笑いの「間」を芸人さんがつくっているのに、急に大きな文字が出てきて視覚的にまで説明されると、その顔を見ていいのか、文字を見ていいのかよくわからなくなる。笑いまでもがコントロールされているのです。人の想像力をメディアがダメにしていると思います。

日常がそのような状況であれば、旅に出て、知らない世界に触れ、様々な風景を見ながらいろいろ感じたり考えたりすればいいのですが、いまの若い子たちは旅にも出ないと聞きます。それだと、何かを思い描く、思いやる、想像する瞬間がどこにもなくなってしまう。そうすると、もし目の前に、素敵だと思えるような「本物」が現れても、想像ができないから「何これ？」で終わってしまうような気がするんです。本物を感じなければ、本物をつくることなんかできません。

感動は心を動かすレッスン

私はいま、名刺に「コミュニケーションディレクター」と書いています。その肩書きを最初に使ったのは、到津《いとうづ》の森公園の動物園で個展をやったときでした（口絵XIV）。生まれて初めての個展だったのですが、動物園とは本来、動物を見に来る親子連れが多いので、動物を見に来た人たちが、動物を見終わった後のスペースで、私の個展をついでに見るという感じになると思いました。そういう場所では、動物に「ネコ科」とか「イヌ科」とか書いてあるように、私は「ヒト科」という動物の一部なんだと思いました。そして、それら生き物として猿や象にそれぞれ特徴があるように、私はものづくりをしたり、映像をつくったりするという特性を持った生き物なんだなと思ったのです。

それまでは代理店のアートディレクターという立場で名刺交換をしていましたが、動物を見に来た子どもたちにとっては、アートディレクターとかそういうことではないなと思って、「コミュニケーションすることを癖としている性質のヒト科」の生き物として「コミュニケーションディレクター」というふうに肩書きをつけました。

しかし考えてみれば、「コミュニケーションするディレクター」って、それこそ誰でもそうなのです。人と人の間にいて、コミュニケーションし、生きていくことを楽しみ、意識的に感動したり動いたりするのであれば、その全員がコミュニケーションディレクター。結局、より曖昧な肩書きになってしまいました。


以前、Twitterで私に「クリエイティブディレクターになるためのアドバイスをください」という書き込みがあったので、私はこう書きました。

「感動し続けてください」と。

感動するということは、たくさん心を動かすレッスンです。私はしょっちゅう感動しています。感動しすぎて周りに迷惑をかけるくらいに、いっぱい心を動かす。泣いたり、怒ったり、笑ったり、何にでも気持ちが動いている、ぐちゃぐちゃな方がいいと思います。それは、いろんな角度で見て、いろんな自分になって、何かいいものや何かいいところを見つける前段階の訓練だと思います。

私もアートディレクターとかクリエイティブディレクターとか呼ばれていますが、この職種を代表してこの肩書きに関してお詫《わ》びします。そういう肩書きをつけていること自体がおかしいのです。なぜなら、おもしろいものに出会って、何か感じて、こうしたいな、こう伝えよう、こうなるであろう、こう動かしたいなと思ってみんなを束ねて企画を形にすることは、クリエイティブなものをディレクションしていると言えばそうなるし、目に見えるものをつくって、アートをディレクションしていると言えばそうなるから。しかし、それではあまりにも大雑把です。「誰をも腹を抱えて笑わせるようなクリエイティブディレクターになりたい」「めちゃくちゃ格好いい、誰もがはっとするようなビジュアルをたくさん打ち出すクリエイティブディレクターになりたい」など、そういう前置きがつかないと、本当は成り立たないのです。

「こんなことを伝える」「こんな表現を武器にした」「こんなものをつくるための」アートディレクターでありたいという、「こんな」の方が大事です。だから「アートディレクターになりたい」と思っている時点で、「ものをつくる人間になりたいんですけど」と言っているようなもので、実はそこには何もないのです。

3

あくまでこだわるとき、こだわりを捨てるとき

流された場所で、どう生きるかは自分が決める

運命が変わるとき、大きな波が来ると書きましたが、そのときに「その波に抗《あらが》わず、流されなさい」と教えてくれたのは母親でした。

話は武蔵野美術大学の入学試験の頃に戻ります。私は武蔵野美術大学に入ると決め、中学三年生から美術系の予備校に通っていました。高校三年のときにはすでに武蔵美《むさび》生のふりをして大学にも行っていて、大学に仲のいい先生や先輩もいたんです。誰しも「森本は武蔵美に行くもの」と信じて疑わず、当然、私も、両親も、予備校の先生も、大学受験は合格するに決まっていると思っていました。

しかし、見事に受験に落ちてしまいました。予備校があまりに楽しくて全然勉強をしなくなっていたというのが主な理由ですが、落ちてしまった以上はしかたない。浪人することを決め、予備校の手続きもした矢先、入学式まで一週間を切ったときに武蔵野美術大学短期大学部から連絡が入りました。「欠員が出ました。まだどこにも入学が決まっていな

かったら補欠入学しますか」と。私は補欠の中でも最後の番号でした。つまり補欠でビリの入学を打診されたわけです。

私はどうしてもプライドが許さず、断るつもりでいました。すると母が「流された方がいい」と言ったのです。

そしてこう続けました。

「人生は入口が大切なのではなくて、入ったその場所であなたがどう生きていくかで決まる。だからこういう運や縁に流されて生きなさい」

実はそのときはその言葉の真意の半分も理解できていなかったと思います。しかし母がそう言うのなら波に乗ってみるのも悪くないなと思いはじめていたとき、これも運命でしょうか、海外に留学していた予備校の先生から電話が入りました。

「ダイジョウブ　ダヨ！」という機械の音声が開くと流れる、私が先生の誕生日に渡したカードが押し入れで鳴ったというのです。それで気になって国際電話をしたのだと。驚きつつも先生に補欠入学のことを相談すると、先生は言いました。

「短大だろうが補欠だろうが、行けば同じだから行った方がいい」

そのときの先生の一言に後押しされ、私は武蔵野美術大学短期大学部デザイン科に入学したのです。

運命に流されて武蔵美短大に入ったことで、「そこでどう過ごすかは自分が決める」という母の言葉を私は強く噛《か》み締めることになります。

当然ですが、美術大学には美術大学に行くと決めた人たちが集まっています。普通、高校生が大学を選ぶとき、「○○大学に行きたいんだ」とか「六大学に入りたいんだ」とか、そういうところから受験をスタートさせるのではないかと思います。医者になりたいから医学部を選ぶということはありますが、ほとんどの人の場合、大学に入って、これから勉強しながらその先の生き方を決めるのだろうと思うのです。

そういう中で「美術大学に行く」と決める人はやはり特殊で、高校の段階からはっきりと「絵で生きる」ということを決めた人たちが集まってきています。大学入学の時点で人生を一本に決めていますから、大学ではそういう者同士が出会う。つまり、世の中に向けて「こういう絵を描きたい」「こういう映画をつくりたい」という想《おも》いを持って大学に来ているので、大学からすでに人生の本番がスタートしているのです。

私自身もそうでした。ここで大学生活をスタートさせたことで、そこから三百六十五日、自分の表現を出し、見せて、伝え、つくることをはじめることができました。

同時に、補欠で入ったというのもよかった。受験に落ちたとき、プライドが一回ゼロになった私は、文字通り、一時も無駄にせず、ものづくりに取り組む覚悟ができました。特に私は中学時代から広告代理店に入ると決めていたので就職試験を受ける資格として必ず四年制大学を出なくてはいけません。短大に入学した私は大学の編入試験を受け、それに受からなければならないのです。だから必死です。一週間に一点提出すればいい学校の課題も毎回十点ほどの作品を提出し、先生の評価が悪かったときはやり直してもう一度出し直す。とにかくつくり続ける日々でした。

人の倍以上つくり続けて起こったこと

私の大学時代はデザイン界の変革時期と重なり、ちょうど大学一年生のとき、アップル・コンピュータが使われるようになってきました。ここからデザインが一気にデジタル化していきます。初期のＭａｃは本体が大きかったので、一般家庭に置けるようなものではありませんでしたが、私は誰よりも早くアップルのソフトを覚えたいと勉強しました。合成を覚え、合成したいパーツをあらゆる写真集などからスキャンして、そのために、夜な夜な青山ブックセンターに通って写真集や雑誌を買いまくり、ひたすら広告のポスターばかりをつくっていました。

短大時代には写真の勉強もしました。写真専攻ではなかったけれど、スタジオ撮影をしたいときは知り合いの写真館のおじさんにライティングをお願いして物撮り《ぶつど》り（広告商品の撮影）を勉強させてもらったり、「渋谷の街に出てフィルム一本分の写真を撮って作品にしなさい」という課題が出たときは、一日一本だとみんなに負けると思い、一日三十本、しかも8×10の大判カメラを担いで電車に乗って渋谷に行って、国や人種を問わずいろんな人に声をかけてポートレイトを撮らせてもらったりしました。顔じゅうにピアスをした人、入れ墨が入った人、こんな機会でないと話しかけられないような個性的な人、強い瞳を持った少年、本当にいろんな人の顔を撮りました。顔にはその人の内面が現れている。それで人の顔を撮ることがおもしろくなってしまったのです。

撮ったフィルムは現像して、夜中、学校に残って、写真家の森山大道《だいどう》さんや操上《くりがみ》和美さんの作品に憧れ、その作品を真似《まね》てコントラストの強いモノクロでプリントしていました（そういえば、私が短大時代の課題の中で先生に一番褒められたのは、ポスターではなく、これら写真の作品でした）。

短大の卒業制作にもかなり力を入れ、つくったのは「環境問題」をテーマとしたB全サイズの巨大ポスター五枚。当時、B全サイズの紙に出力するのには三万五千円から四万円ほどかかるような時代でしたが、ちょうど成人式が卒業制作の時期と重なったので、普通なら成人式の着物に使うためのお金を、私はポスターの出力代に注ぎ込んだのです。するといつもお世話になっている写真館のおじさんが、せっかくだからと、着物を着て記念写真を撮る代わりに、成人式の女性たちを撮る同じライティングで卒業制作のポスターと一緒の私の写真を撮ってくれました（口絵X）。

　四年制大学への編入試験はというと、ひとつの学科、百人ほどの中から一人か二人しか入れないような難関でしたが、トップで受かり、無事編入。受かった理由は、てっきりポスターの量とデザインの技術が評価されたのだと思っていたら、実は「成人式の写真がおもしろい」ということだったらしいのです。「成人式なのに着物を着ずにポスターを持って写っている、その根性がおもしろい」と。その推してくれた教授が、私にその後、コミュニケーションとは何かを教えてくれた及《およ》部《べ》克人《かつひと》先生だったと知ったのはその後の話になります。

目的地をめざしながらもたくさんした遠回り

及部先生は「ワークショップ」という言葉を広めた人です。この言葉については後ほど述べますが、まだワークショップという概念がない時代から、戦争を体験した人から子どもたちが話を聞き出し、その子どもたちが感じたことを絵地図にまとめたポスターをつくったり、二人組が目隠しして裸足《はだし》になって手をつないで歩いて、目以外で感じたところをしるしとした学区内の地図をつくったりと、とてもおもしろい活動を続けてきた先生なのです。

とはいえ、私の大学編入は広告代理店に入るためであって、広告を専攻する学科に入ることが目的でしたから、及部先生のワークショップのゼミを受けるつもりなどありませんでした。なのに、こともあろうに最初のアドバタイズメント（広告論）の学科説明会の日に寝坊してしまうという大失態を演じてしまいます。遅刻はペナルティがついて最後に残った授業しか選べません。そしてその残った授業が、及部先生のゼミでした。

広告の授業を受けたい一心で、短大二年間、デジタルの作業に没頭してきたのに、及部先生の最初の授業では、いきなり千葉県佐倉市に連れていかれて、子どもたちとの演劇ワークショップ。ワークショップは必ずしもポスターのように形に残るものをつくりません。憧れだったクリエイティブディレクターの大貫卓也さんたちがつくっているようなグラフィックの世界どころか、町ぐるみでの子どもたちとのワークショップは何とも大衆的な匂いがして、これのどこがデザインなんだろうとかなり落ち込みました。こんなことをするために大学に編入したのではないはずだったのです。

その頃私は、大学と並行して「コピーライター養成講座」にも通っていました。これも広告をつくりたいという必死の想いからだったのですが、とはいえ、実はこの講座は間違って申し込んでしまったものでした。

本当はコピーライティングの勉強ではなく、雑誌『広告批評』が主催している「広告学校」に通いたかったのです。雑誌『ブレーン』が募集していたのが「コピーライター養成講座」で、『広告批評』が募集していたのが「広告学校」。その違いがよくわからなくて、『ブレーン』主催の「コピーライター養成講座」に応募してしまったのです。しかし当然と言えば当然ですが、コピーライター講座の先生はコピーライターばかり。博報堂の人も来ることは来るけれど、みなコピーライターで、大貫卓也さんや佐藤雅彦さん、葛西薫さんといった私の大好きなデザイナーは誰も来ません。生徒も美大生はいなくて、早稲田大学、慶應義塾大学などの一般大学の人ばかり。それでも、そうそうたる顔ぶれのコピーライターの授業を受けることができたのは貴重な体験でしたし、広告におけるコピーのあり方を学べたことは良かったと思っています。

その中で特に印象に残ったのが、電通のコピーライター、白土謙二さんの授業でした。そのときの課題は「グラスに水割りを注ぐコマーシャルのコピーはどのようなものならおいしそうか」というものでした。生徒たちからはいろいろなコピーが提出されましたが、白土さんは「コピーではなく、その氷がグラスに落ちて水が注がれる瞬間、氷河が割れるような、岩が割れるゴロゴロゴロゴロという大自然の音をSEでつけただけの方がよっぽどおいしく聴こえる」という話をしてくれました。「カランコロンという実際の氷の音ではなくて、山の音でもいい」というのです。そういう語感のおもしろさが感じられるコピーが良いのだということを白土さんは教えようとしてくれたのだと思います。

もうひとつ私が影響を受けた授業に、外資系の広告代理店であるワイデン＋ケネディトウキョウの佐藤澄子さんの授業がありました。そこで私はクリエイティブブリーフという言葉を覚えました。クリエイティブブリーフとは、広告制作においてメンバーが広告意図を統一するために、広告戦略を要約することです。これは「コミュニケーションテーマ」「クリエイティブテーマ」「アートディレクションテーマ」という三つのテーマで構成され、広告制作の指針となる事柄を書類にまとめていく作業です。

まず「コミュニケーションテーマ」とは、何をミッション――任務や使命――として、その商品をどう動かしていくか、「クリエイティブテーマ」は、それをどういう表現にして、人の心を動かしていくか、そして「アートディレクションテーマ」とは、そのミッションをこなすために何色を使うかなどという具体的なことをどのように決めていくか、ということです。それらをシートに書き出していきます。実際やってみると、広告戦略を理屈づけていくのがとてもおもしろくなって、大学のデザイン課題を出すときにも私はクリエイティブブリーフをつけていました。

もちろんそんなことをしている美大生は他にはおらず、先生たちもおもしろがってくれて、大学三年生のとき、私に武蔵美出身の博報堂の人を紹介してくれました。そして週一で博報堂へお手伝いに通うようになったのです。

私は、博報堂に入りたいからと、大学一年生のときにわざわざ博報堂から一番近い自動車教習所に通っているほどだったので、その辺の道には詳しかったんです。その頃にはすでに免許はとっていたので、生意気にも自分の車で博報堂に通いながら、CMのプランニングのコンテを描かせてもらっていました。コピーライター養成講座もそうですが、学校ではワークショップの授業しかとれなかった分、このようにして学校外で広告の現場を知っていこうとしたのです。

外側をデザインするだけなら誰でもできる

大学三年生の後半、博報堂の宮崎晋さんという、大貫さんや佐藤可士和《かしわ》さんを育てたクリエイティブディレクターに作品を見てもらうチャンスが訪れました。自分ではこれまでやってきたことへの自信もあったし、さらに一歩、広告の仕事に近づけると思いました。

持参したのは、これまでつくった大量のポスターやグラフィックデザインを入れた作品ファイル。しかし宮崎さんはそれらをザザッと見ただけで、投げ捨てるようにこう言いました。

「つまらない。ビジュアルがあってコピーがあってうまい合成があるけれど、何も心が動かない。こんなものはいま世の中に溢《あふ》れている広告を自分流にやっているだけで、仕掛けもないし何も新しくない」

ものすごくショックでした。私は自分でおもしろい広告をつくれると思い込んでいましたから、その言葉があまりにも悔しかった。

しかし、その出来事はあらためて私が「広告とは何か」を見直すきっかけになりました。外側をデザインするだけなら誰にでもできる。しかし、広告はコミュニケーションであり、その核となるコミュニケーションをいかにつくるか、そのことがもっとも大切だということを、そのとき、思い知らされたのです。

私はそれまで使っていたiMacなどのパソコンをすべて仕舞い込み、「デジタルは一切使わない！」と心に決め、大学一年生からつくっていたポスターも全部アイデアを出し直し、大学三年までにつくった量を超える数をその後の半年でつくり変えました。

大学の卒業制作も、コミュニケーション自体をテーマにして、新しく人がつながる装置をつくったらおもしろいと考えました。及部先生に相談し、同級生の上岡祐司くんと話し、フラーの法則にのっとってジオデシック・ドームのように三百個ほどの小さな三角形の紙を組み立てて直径三メートルの球体をつくりました。組み立てには上岡くんをはじめ、大学じゅうのみんなが手伝ってくれて、年末年始の休みも学校に忍び込み、守衛さんに怒られながら寒い中つくり上げたのです（ちなみに、造形作家となった上岡くんとはその後も縁がつながり、mono。goen。として一緒にものづくりをしています)。

卒業制作の作品は「ラインマシン」と名づけました(口絵X)。球の真下に人が入って、筆のついたハンドルを回すと、線が描けるようになっています。上にはCCDカメラがついていて、描いている人の顔がモニターに映し出される仕組みです。一人が終わると次の人の線がそこからつながるようになっており、描いた人の分、その描いた時間の分だけつながって「ひとつの絵」をつくっていくというコミュニケーションツールになっています。

おもしろいことに、この卒業制作は、視覚伝達デザインの先生たちからは「こんな巨大な立体をつくられても、グラフィックじゃないし点数がつけられない」と言われて空間デザインの先生に預けられ、空間デザインの先生はというと、「これ、空間演出じゃなくて建築じゃないか」と建築家の先生に渡し、建築科の先生からは「建築じゃなくて空間デザインなんじゃないか」と言われ、結局どこにも所属しない、中ぶらりんなまま点数がつけられずに終わりました。思えば、そのときから「境」がないというか、「際」がなかったんだなと思います。

中高の女子校のときもそうでしたが、私はどのグループにも属さないで、いろんなところをふわふわとしていました。それはものづくりも同じで、「ここにあるけど、ここではない」というものが作品に現れてきたのはこの頃からだと思います。

そして、この頃から私は「円」の魅力に惹《ひ》かれていきました。完成したとき、出来上がった大きな球体を見ながら「球体っていいなあ」と思ったのです。円周率が永遠に続くように、測りきれない、完成しない「円」の魅力。私はそれ以来、仕事でも球を使ったものを数多くつくっています。

広告まであと一歩

就職試験には楽しかった思い出しかありません。母親から「面接は緊張するからワンカップを飲んでいきなさい」と試験前には必ず言われ、日本酒をぐいっとひっかけて臨みました。でも本当に酔っぱらうんです。テンションが高くなるから気分は大盛り上がり。そりゃあ、毎回試験が楽しかったはずです。

でもその楽しさは、実は「やっとこのステージまで辿《たど》り着いた」という思いからでした。中二から広告をめざし、いま、こうして博報堂や電通のクリエイターの方に自分の作品を見てもらえる。これから何がやりたいか、夢も聞いてもらえる。世の中の人たちに向けて広告をつくれるまであと一歩かと思うと、テンションが上がらないわけがないんです。

電通の試験もデジタルでの制作はやめて、アクリルの立体で紙芝居をつくりました。上から硬貨を入れて、紙芝居をめくっていくと硬貨がシャキーン、シャキーンと落ちていく仕掛けをつくりました。身体《からだ》の絵が描いてあって、自分の人生が物語になっているんです。それをお金が辿っていき、最後は穴の空いていないアクリルケースに辿り着く。しかも貯金箱になっていて一度入れたお金は取り出せないようになっているので、試験官のお金を楽しく盗めてしまう。試験官の人も「五百円玉も入れちゃおっかな」と楽しんでくれて、なんと試験で儲《もう》けてしまいました。

博報堂の試験の課題は「フランスと日本」をテーマとしたポスターでした。「B2サイズ」とあるだけで立体不可とは書いていなかったので、カメラのレンズにフランスパンが突き刺さったオブジェをつくっていきました。他にも宮崎さんに「つまらない」と言われてから半年間でつくり直した大量のポスターなど、二トントラック二台を使って持ち込みました。本来、発表で与えられている枠は一人一作品ですが、私はそれだけでは足りなくて、その量だけで「彼女は何者だ?」とざわつかれるほど。そして私は「説明しなくてはわからないようなものはつくってきていないので説明しません」と偉そうなことを言って、何も説明しませんでした。

この一回目の試験で、電通と博報堂、どちらからも内定をいただきました。大学二年生のときに私を手伝わせてくれた博報堂の先輩に相談すると、こう言われました。

「君の人生がどうなるかは自分次第だ。好きな方にしたらいい」

短大に入ったときの母親と同じような言葉でした。「自分で決める」、その一言は私の力になりました。そして、一九九九年の春、私は博報堂に入社したのです。

仕事も世界も「クレイジーな人」が変えていく

博報堂に入ることが決まったときはとても嬉《うれ》しかった。だけど、ずっと前から自分は絶対に広告をつくるというイメージがありましたから、決して浮かれることはありませんでした。

生意気にも「いまのコマーシャルはつまらないから、早くつくらなきゃ」と思っていたのです。電車の車内広告も情報が目に入ってくるだけで、どれも伝えたいことはあるのだろうけれど、人の温度が伝わるものがなくて、何か違う気がしていました。早くこういう形のものではない広告をつくりたい、と思っていました。

私が衝撃を受けた広告のひとつに、大学に入りたての頃に見たアップル・コンピュータの広告キャンペーン「Think different.」のシリーズがあります。
「クレイジーな人たちがいる」という言葉の後に、アルベルト・アインシュタイン、ジョン・レノン、パブロ・ピカソら、二〇世紀に活躍した象徴的な人物が出てきて、「彼らはクレイジーと言われるが私たちは天才だと思う。自分が世界を変えられると本気で信じる人たちこそが本当に世界を変えているのだから」というコピーが流れるCMです。そのポスターをずっと自宅の机の前に貼って、その広告に私はいつも奮い立たされていたのです。そしてそれを取り扱っていた代理店が博報堂でした。

それまでの広告というと、ビールや車などの大きい企業がメインでした。しかし、その頃、大貫さんや佐藤雅彦さんらがフジテレビのCMや、「プール冷えてます」「史上最低の遊園地。」などの豊島園のCMをつくりはじめ、それまでCMをつくっていなかったような企業が、「アイデアひとつで世の中に話題を生むことができる」ということを見せてくれていました。そういう広告に私は憧れていました。

同時に、広告は紙媒体だけではないという想いもこの頃から持っていました。最初はヘンテコリンだなと思っていた及部先生のワークショップの授業で学んだことや、自分が卒業制作でやったような「人が動く仕掛け」をいろいろなところでつくれたら楽しいだろうなどという、漠然とした夢がたくさんあって、そういうアイデアがどんどん湧いてきていたのです。

ワークショップは人の可能性、想像力をデザインするところ

ここで学生時代に及部先生に習ったワークショップがどのようなものだったかを少し説明したいと思います。及部先生に教わったことは、私が広告をつくるときの思考の組み立て方にとても影響を与えているからです。

まず最初に「確実にこうなりたい」という目的地があります。しかしスタートラインからその目的地までは真《ま》っ直《す》ぐ行くことが難しかったり、真っ直ぐの道に魅力的ではない部分があったりする場合、別の方に気をそらすなどして、まったく視点を変えるのです。視点を変えることで、初めには見えていなかった別の魅力に辿り着きます。

それをワークショップに参加する一人ひとりが自発的に、ここからでは見えないもっと魅力的な「ここ」を見つけて、自分からその目的に向かうようにうまく誘導していくのです。それは、目には見えない人の力の向かっていこうとする可能性や、人の想像力というものをデザインして構築していくことです。だから及部先生のやっていることは、ワーク

ショップといえどもデザインなんです。そしてそれができるようになるには仕掛ける側のエネルギーも必要だし、計算も、経験も必要です。

いままでは「ワークショップ」という言葉をよく聞きますし、私もよく「森本さん、ワークショップをやってください」という依頼を受けます。「みんなで絵を描きましょう」「みんなで陶芸をやりましょう」というような、一般の人が参加してみんなで何かをつくることをワークショップと言っている人が多いようですが、それは及部先生から私が習った意味で言えば、まったく違います。

私がやってきたワークショップは、確実に目的を持って、そこに至るまで、参加した人たちがそこに向かわざるを得ないようにビジョンを見せて、それぞれの人が持つエネルギーや意識を構築していくことだからです。

ただのコップがかけがえのない形見になる

もうひとつ、ワークショップの考え方を紹介します。

ある一人が自分の大切なものを持ってきます。その大切なものを参加者たちが輪になって回していきます。そのとき、ただ回すのではなく、一人ひとり、一回手を止めて「これがなぜ大切なのか」について話をしていくんです。たとえばそれがコップだとしましょう。私が「これはおばあちゃんと最後に会ったときに一緒にお茶を飲んだコップで、こんな思い出があるんです」と言うと、目には見えないものがそこに加わり、これが次の人に渡るときに、それまでとは違う力が働きます。その人の思い出、そのコップが持つストーリーを抱えることになるから、コップに対する意識が変わるんです。

だからただ「みんなでものをつくりましょう」ではなく、大切なものを人に届けるということはどういうことなのか、ものの見方、人の意識を調整しながら変えていくところからはじめるのです。目的地に着くまで、ひたすら遠回りするわけですから、決して簡単ではありません。

子どもを集めて絵を描くワークショップも、ただ「絵を描きましょう」と白紙に絵を描くことを目的とするのではないのです。白紙に絵を描くことだけを目的にすると、絵が描けない人がいたり、たくさん色を塗った人や早く描けた人の方が絵がうまいと思われます。しかし、大きな紙をビリビリにちぎって、バラバラに子どもたちに渡して、時間を決めてそこに何か描いてもらい、それをもう一度貼り合わせてひとつの紙の大きさに戻す。すると描けなかった人がいたとしても、その紙の余白が素晴らしい絵の一部になる。余白があることで見えてくる全然違う絵があるわけです。

本当は、その絵自体はどうでもいいのです。それよりも、逆に、その描けなかったり、一部しか描かなかったりする力も、「あなたにとって、それもひとつの絵の一部である」ということを子どもに意識させる。そうすると、うまく描くことや、白紙を埋めることや、かわいい絵を描くことだけが絵じゃないんだというふうに変わる。描かないこともコミュニケーションであり、つくるものやつくろうとするものを通してお互いに何かを感じることがワークショップなのです。そうやって少しでも自由な意識を伝えていくのです。

大学編入のとき、広告専攻の学科説明会に遅刻して、そのペナルティとして及部先生のゼミを受けることになったことが、いま、私の人生に大きな広がりを持たせてくれているのですから人生とはおもしろいなあと思います。

強烈な個性の先輩たちが教えてくれたこと

博報堂に入った私が最初に配属されたのはCMをつくる第一制作部というところでした。そもそも私は、宮崎さんや大貫さん、佐藤可士和さん、佐野研二郎さん、永井一史さんがいる第三制作部でグラフィック制作をやりたくて博報堂に入ったのですが、それがなぜ第一制作部に配属されたかというと、入ってすぐの新人研修で、つい及部先生から習ったときの癖が出てしまい、パフォーマンスを使ったプレゼンばかりを行っていたからです。それで「新人になんだか変な奴《やつ》がいる。デザインよりもCMや企画ものが得意なんじゃないか」と思われてしまったようでした。

ここでまた予定が狂いました。しかし、またその流された場所で、私は大切なことをたくさん勉強することになります。

第一制作部は強烈な個性の人ばかりが揃《そろ》っていました。私は黒須美彦《くろすよしひこ》さんがリーダーの黒須チームに入りました。博報堂は普通、誰かの下について仕事をするトレーナー制を導入しており、私にも直属の先輩トレーナーが決まりました。しかしそのトレーナーは、私が入ってすぐに長期休暇をとってしまったのです。

その日は、大手企業の新聞広告のプレゼンの日でした。しかし急にトレーナー不在になってしまい、新人の私がトレーナーの代わりに、コピーライターと一緒にプレゼンの場に行くことになりました。大学のときから現場を見せてもらっていたから多少の知識はあったとはいえ、新聞広告などはやったことがない上、いきなりの初仕事が、スーツを着て大手企業に行って、その宣伝部にプレゼンというとんでもない大きなものでした。

第三制作部に配属された同期は、すぐに企業ポスターをつくって輝かしい賞をとって、壁にもポスターが貼られたりしていました。なのに私はといえばトレーナーはいなくなるし、隣の席の先輩は本当はＤＪになりたかったそうで、その人からはＤＪイベントに誘われたりレコードを見せられたりで、周りには変わった人ばかり。

トヨタの「ファンカーゴ」やナオミ・キャンベルを起用した「ＴＢＣ」のＣＭをつくっていた滝澤てつやさんというすごいクリエイティブディレクターもいたのですが、滝澤さんもとても変わった人で、クリスマスになると私の机の上にリボンをかけた鶏の生肉を置いてみたり、キャスターのついた椅子に座って「移動するから、森本、会議室まで私を運びなさい」と言ったりする。言われた通り、私は車椅子を押すようにごろごろ押して、そのままエレベーターに乗って会議室に連れていったりしていました。他にも本当に様々な個性の人たちがそのチームには集まっていました。

そんな私の先輩たちがもっともこだわっていたのが食事でした。「おいしいものを食べないといいデザインはできない」という理由で「コンビニ飯禁止」という指令が出ていて、おかげで私は新人の頃からおいしいお店ばっかり連れていってもらいました。しかもみんな、食べたいだけ注文して、お腹《なか》いっぱいになって残ったものは「森本が全部食べろ」と言い、どんどん食べさせるのです。それで私はみるみるうちに十八キロ太ってしまうわけですが、そんな私を見て、滝澤さんは「これは餌づけです。どんどん森本を百貫でぶにします」と笑うのです。

プレゼンは夢を見せるおもてなしの場

第一制作部は、全員が席についてみんなで頑張って業績を上げるポスターをつくるというのではなく、それぞれがフリーランスで仕事をしている人たちの集まりのようでした。いまは映画監督として有名な中島哲也さんも当時黒須チームのディレクターをしていて、しょっちゅう私の席のそばへ絵コンテを描きに来ていましたし、そんなふうにいつも外部の人たちが行き来している部署でした。

つまり、こちら側は軸を握って、方向性の舵《かじ》取りをするだけで、中島さんや関谷宗介さんといった監督たちにCMの企画から入ってもらって一緒に考えてもらうというやり方です。だから誰が社員なのかわからなかった。星野芳輝さんというデザイナーがいて、すごいベテランの社員なんだろうなと思っていたら、実は外部のデザイナーでした。私の直属のトレーナーがいなくなったとき、私はこの星野さんに新聞広告の入稿の方法を習いました。他にも博報堂に出入りしている印刷屋さんや映像監督、写真家がいろんなことを私に教えてくれました。それぞれの専門職が専門のことを教えてくれたので、実は私は博報堂の直属の先輩から技術的なことはあまり教えてもらっていないのです。

滝澤さんからはプレゼンのおもしろさを教わりました。つくることよりもプレゼンが好きで、プレゼンのたびに、冊子をつくれとか展開例をいくつつくれとか、映像をつくれとか言われ、人形劇もやらされた思い出があります。

滝澤さん曰《いわ》く「プレゼンテーションは、最高のおもてなしであって、ショーである」。そこでどのぐらい夢が広がるか。広告する商品はクライアントの商品なわけですが、プレゼンはそのクライアントの夢を大きく膨らませてエネルギーを高め、どれだけの可能性を見せられるか、やる気にさせるかということだと。そのためのおもてなしこそが一番重要だということでした。

広告の着地、つまり最後ももちろん大事です。しかし、最後は自分でつくるものではなくてみんなで協力しながらつくり上げていくものです。そして、結局はクライアントがつくるその商品を買って使う人が本当の最後——最終ユーザーです。だから、私たちの仕事としてはプレゼンテーションが一番の見せどころというわけです。そのことを私は滝澤さんから教わり、それはいまでも私の指針となっています。

来た道はすべて肯定していく

そういう中で、滝澤さんの紹介でついたアートディレクター・手島領さんが、実質、私にとってはトレーナーに一番近い先輩だったと言えるかもしれません。手島さんは私に初めて「COMME ÇA ISM」というファッションブランドの店内掲示用パネルとポスターをつくらせてくれた人でした。

思えば、研修で第一制作部に流されてきましたが、それもまた、ラッキーだったと思えます。だけど、その場所をおもしろがっていたから、いまラッキーと思えるようになったのだと思うのです。そこで「こんな部署イヤだ！」とばかり考えていたら、イヤなものとして終わっていたかもしれない。結果として、私は済んだことや自分がしてきた選択を全部肯定しています。どれが正解だったかはこの際、関係ありません。

私がキャスティングにうるさいのも黒須チームで育ったからです。デザイナーという職業は基本的には自分で全部完結したい人たち。だから、簡単なのは自分一人でやることなんです。だけど黒須チームでいろんな人たちを見てきて、いろんな人がひとつの仕事で動いて、いろんな人が同じ場所で共存しているという環境に慣れていました。それプラス、私の場合、ワクワクできる人をメンバーに起用するとよりやる気が出るタイプ。それが誰かが非常に重要で、別に手を動かさなくても、その人が座っているだけでもいいんです。どこに行きたいか目的地は見えているから、そこまでを辿っていく道を誰と歩くとおもしろいのか、どんな景色に出会えるのかという過程を豊かにしていきたいのです。

自分が音楽を奏でられるとしたら

博報堂での新人の頃の私は、徹夜ばっかりしている元気な人と思われていただろうと思います。ひとつの仕事につき、何百バージョンというグラフィックを徹夜してつくっては壁一面に貼って、朝になると、掃除のおばちゃんたちにも意見を聞いたりしていました。

フロアで徹夜をしていると、黒須チームの隣の隣の青田チームに、いつもカツカツとうるさい音でキーボードを打つ男の人がいました。「何でそんな力でメールを打たなきゃいけないんだ!?」と思うくらいに指の圧力がすごくて、同じフロアでいつも徹夜しているのがその人と私ぐらいだったのでとても気になっていたのです。その人が松井美樹さんというクリエイティブディレクターでした。

黒須チームはいろんな理由があって一度解散になりました。では森本はどうするかという話になったのですが、会社の方針が変わり、若い人たちをチームリーダーにすることになり、松井さんは当時四十歳ぐらいの年齢でチームリーダーとなり、私はそこに入れてもらうことになりました。

その松井さんが「森本、Mr.Childrenって知ってる?」と言ってきたのです。訊《き》けば、松井さんの親戚がMr.Childrenのプロデューサーの小林武史さんと知り合いで、Mr.Childrenのベスト盤の広告の依頼が来ているとのこと。桜井和寿さんが小脳梗塞で倒れて活動を休んだ後のベスト盤で、メッセージ重視で広告をやりたいとのことでした。それを、松井さんが引き受けたのです。

しかし博報堂としては大きい企業の広告をつくる方が効率がいいわけです。音楽の仕事は、唯一「風とロック」として独立する前の箭内《やない》道彦さんが、一人で、L'Arc-en-Ciel(ラルクアンシエル)の広告をつくったり、タワーレコードの「NO MUSIC, NO LIFE.」の制作をやっていたくらい。音楽の仕事をしても博報堂ではあまり大きな顔はできないというのが現状でした。私はその頃、Mr.Childrenの音楽をほとんど聴いたことがありませんでした。しかしその仕事は、新聞十五段の広告だということで、チームで案を考えていったのです。

そして実際の小林さんの前でのプレゼンでは、先輩たちの案が次々と却下されていきました。コピーライターが考えたコピーを載せている案もあったのですが、小林さんからは「コピーは要《い》らない。どうしても入れるのだったら桜井自身の言葉がいい」と言われたり、いかにも広告的な理論を入れ込んだビジュアルに至っては、「こんなものを頼んでいるんじゃない！」と怒り出して、「もうプレゼン、なしだ、なしだ！」と立ち上がって出て行こうとする始末。かなり怖《こわ》かった。しかもそれに対して博報堂の営業担当がぺこぺこ「すいません、すいません」とか言うから、それが小林さんをより怒らせてしまうんです。

そういう中、私の案は一番最後に回されていたのですが、松井さんが「うちの森本はまだ新人ですが、最後に見てやってくれませんか」と言ってくれて、震えながらプレゼン資料を出したことをいまでも覚えています。

音楽に寄り添うようにつくった広告プレゼン

それが「水滴」（口絵Ⅳ）と「防波堤」（口絵Ⅷ）の二案のビジュアルでした。

「水滴」のビジュアルは「封印を解く」というコンセプトで、新聞を開いたときにハッとするようなものをと思った企画でした。「防波堤」のビジュアルは、松井さんによる日産の「モノより思い出」シリーズの広告からヒントを得たもので、私はその広告がとても好きでした。松井さんにそのロケ先だった沖縄での写真を見せてもらったことで、この案が生まれたのです。

その写真には沖縄の空の下、防波堤に「みとめる」と書かれた短い詩と鮮やかな絵が描かれているものが写っていました。

何気なく過ごしている景色の中に歌があり、自分の生き方とともに変化していく。晴れの日も、雨の日も、いつも歌はそこにある。この写真を見たときそういうものが、歌なのかもしれないと思ったのです。

私は、その防波堤に描かれた詩のように、そこに歌詞を書いたらどうだろうと思いました。もともと私と松井さんは、音楽が心を動かすように、どう心に届くかを大切にした広告をつくりたいと思っていました。だから音楽に寄り添うような広告がつくれたらと思っていたのです。

小林さんはそのふたつの案をとても気に入ってくれて、私の案に決めてくれました。そして新聞なら「水滴」がおもしろいし、「防波堤」のビジュアルは新聞よりは横長のポスターにして景色を見せるようなものがいいから、電車の車内吊《づ》りにしようということになりました。

新聞広告の「水滴」の写真は、その後多くの仕事をともにすることになるカメラマンの瀧本幹也さんに頼みました。瀧本さんは第一制作部にいるとき、手島さんに紹介されたのです。その頃、瀧本さん自身まだ若く（私と同世代です）、独立したばかり。広告の仕事はまだそれほど多くは経験していなかったと思います。お互い新人同士、ほとんど初めての大きな仕事がこのMr.Childrenの仕事だったのです。

最初の打ち合わせは新宿の居酒屋でした。瀧本さんには「新聞に水滴を垂らす」という案は伝えてありましたから、その居酒屋に注射器を持ってきてくれて、いきなり居酒屋のテーブルの上に新聞を広げて、注射器で水滴を垂らすとどうなるかの実験をしました。それを見て、文字と写真を合成するのではなく、実際に告知の文字に水滴を垂らしたその写真を使おうということに決めたのです。

歌に導かれて人と人が出会う

「水滴」の新聞広告と同時に、「防波堤」のポスターもつくることになった私は、瀧本さんと一緒に、松井さんから見せてもらった沖縄の防波堤の写真の詩と絵を描いた人を探して、「Mr.Children の歌詞を描いてもらおうと盛り上がりました。そして沖縄のコーディネーターの島袋さんという方が、それを描いた人たちを見つけてくれました。

というのも、その防波堤は病院の管轄にある海岸にあり、病院が毎年、窓から見える風景でカレンダーをつくっていたのです。病院にはその防波堤に絵を描いた人の記録が残っていたそうで、その絵は、当時、高校生と中学生だった姉妹によるものでした。

沖縄での撮影は一泊二日というスケジュールでした。着いた朝から早速描きましょうということになり、早朝の飛行機で沖縄に着き、空港からその防波堤に向かう道中、私はずっとイヤホンで Mr.Children を聴いていました。博報堂に入ってアートディレクターとして、自分一人で行う初めての仕事。しかも同じく新人の瀧本さんと二人で沖縄まで旅に出るということもあって、車窓を流れていく風景を見ていると、Mr.Children の歌が自分の気持ちに重なっていくのがわかりました。

絵を描いた姉妹のお姉ちゃんはこう言いました。

「最初、電話がかかってきたとき、嬉しくて泣いてしまいました。まさか自分たちの落書きと、Mr.Children の歌を好きな人たちが、つながっていくなんて」と。

歌が人と人を出会わせる。そこには物語があります。

まるで歌にどんどん動かされていくように、ここまで来たことに感動して、私は防波堤に向かう車の中で、泣いていました。

姉妹の妹はこう言いました。

「人差し指に絵の具をつけて、指で痛みを感じながら歌詞を描きたいんです」と。

痛みは写真には写りません。指で描こうが筆で描こうが、見た目にはわからないかもしれません。それでもそういう想いを持って描きたいという姉妹の気持ちを受け取って、指で描いていくことにしました。実際、防波堤はコンクリートだから本当に指の皮がむけるくらいだったのですが、途中から病院の人や姉妹の友達も手伝いに来てくれて、結局、スタッフ全員、すべて指で描きました。

日が落ちてあたりが暗くなってからは、地元の人が車のヘッドライトで防波堤を照らしてくれて、その中で描き続け、描き終わった頃にはすでに夜になっていました。そこで一旦終わり、翌朝から写真の撮影をすることにし、ホテルに戻ってご飯を食べていたのですが、夜中に、スコールが降ってきたのです。それでも「まあ、絵の具は油性だから大丈夫か」なんて言っていたのですが、描いた絵の具が水性だったことがわかり、慌てて駆けつけると、地元の人たちがビニールシートをかけてその絵を守ってくれていた。こみ上げてくるものがありました。ひとつのものをつくるのに、こんなにも協力してくれる人たちがいるということ、その想いが嬉しくて嬉しくてたまらなかったのです。

広告は一瞬、しかしそこに込められた過程は永遠

翌朝には雨は止《や》み、朝から撮影に向かいました。そして瀧本さんが「雲がなくなるのを待とう」と、一日中待ち続けて撮れたのがポスターになった一枚です。情緒的なものよりも、空は真っ青にして、デザイン的にした方がいい、という瀧本さんの考えで、フィルムで撮った写真をわざわざデジタルプリントにして、感情の生《なま》っぽさをあえて削ぎ落とし、空の色はどこまでも青くしています。

制作過程が感動的だったからこそ、しっかりとデザインしなくては、そして仕上げまでしっかりと責任を持たなくてはという強い想いが湧いていました。

印刷にもすべて立ち会いました。新聞広告の印刷は、朝三時半頃でしたが、品川の工場まで行きました。そんなアートディレクターは初めてだったらしく、工場のおじさんも力を入れてくれて「裏の記事が写りすぎると綺麗《きれい》ではないから」と裏の印刷をスミ八十パー

セントにしてくれました。朝四時、最初の刷りたての新聞をもらったときは感極まって大泣き。家に帰ってもずっと眠れず、家でも朝、新聞が届くのを待って、ずっと眺めていました。

「防波堤」のポスターも印刷まで見届けました。全国の主要な交通機関には貼られましたが、沖縄には交通ポスターがないため、現場を手伝ってくれた人たちは見ることができません。それで自腹で沖縄にポスターを持って行くことにしたのです。カメラマンの瀧本さんも行くと言ってくれて、一緒に那覇空港に着くと、そこに迎えにきていた姉妹が、私の顔を見るなり泣き出しました。「どうしたの?」と訊くと、防波堤に描いた歌詞が落書きだと思われてすべて消されてしまったということでした。

だけど、広告は音楽と一緒で、その瞬間に消えてしまうもの。広告したもの、ここで言えば、Mr.ChildrenのCDが残ればいいんです。だから、歌詞は消えてしまったけれど、それでいいんだと思いました。

実はその後、その防波堤がある市から「観光のためにもう一回同じものを描き直してください」と言われたのですが、断りました。広告は残すべきものではないし、ましてや観光にするものではないと思ったからです。あの防波堤に描かれた歌詞は、見た人の心に確実に刻まれたはずで、私はあの瞬間、確かに彼女たちを信じていたし、自分だけでは絶対に生まれない出会いがあることを知りました。あのとき、あの一瞬、かけがえのない、何か念みたいなものがあそこには込められていたのだと思っています。

その姉妹とはあれ以来、ずっとつき合いが続いていて、そのご縁で沖縄県立芸術大学の授業を行うことにもつながっています。

このポスターは、その後につくったMr.Childrenのアルバム『IT'S A WONDERFUL WORLD』の車内広告とともに東京アートディレクターズクラブのADC賞を受賞することになりました。私にとって初めての受賞で、もちろんとても嬉しかったのですが、賞をとったことよりも依頼してくれた人たちや関わった人たちが喜んでくれたことが、こんなに嬉しいんだということを知りました。このときの仕事は、私の広告に対する信念の基準となっています。

あのとき、姉妹は言いました。

「何かをするときは、描きたい、伝えたいと思うまでの過程が一番大切なのかもしれない」

広告も人間も育ちは大事です。だからこそ、つくり手は制作過程を大事にし、いかにそこに正直に向き合っていくか。そしてそうやって最後の最後まで丁寧につくってきたものは、見る者すべての人に、とは言いませんが、必ず、誰かの心に何かを残すはずだと信じています。それを最初に強く心に刻んだのがこの仕事だったのです。

それ以来、私は、制作過程に想いや感動を込められない仕事は一切引き受けていません。もちろん、これからもそういうものをやるつもりはありません。

4

本物の追求

土から耕し、根っこから変えていく

「土の中に未来がある」。何事においても私はそう思っています。枝先や葉っぱといった目に見える部分ではなく、その前の段階、芽を出す前の環境こそが大切で、土をいかに耕して、どれだけしっかり根っこを広げて張れるかということが大事だと思っているのです。

だから生産者の顔が見える食材を使ってレストランやカフェを展開するkurkkuの立ち上げのデザインに関わったとき、kurkku kitchenの食に関する全体のディレクションを担当していた料理長の神田裕行さんから「土の中に未来がある」という言葉を聞いて、ああ、この言葉があったか、と思いました。

環境が人を育てます。植物が、土の状況が良くなければ葉の先まで健康になれないのと一緒で、未来を良くするためには根っこから良くする方が早い。それは自分が広告を手がけるときも同じで、商品のつくり手の考え方が変わっていかないと、どんな広告をつくっても何も変わっていかないと思うのです。

特に広告は展開の期間が決まっていて、一時的なものの場合も多いです。広告でどんなにいいイメージを残しても、次の担当の人のやり方が変われば元の木阿弥《もくあみ》です。目に見える部分だけを広告で良さそうに見せるとしても、それはたとえて言えば「かぶせている銀歯が外れたから新しい素敵な銀歯をつくってください」と依頼されたようなもの。根っこにある歯茎が問題の場合、必要なのは歯茎を治すことなんです。だから私は、「であれば、歯茎をまず治しましょう」と伝えるようにしています。「根っこから変えていく」というところまで関わることは、当然、大変な仕事になってしまいますが、その先を良くするためにも関わっていきたいと思っているのです。

だから広告デザインの依頼なのに、ついつい、宣伝の態勢、その人の気持ちの持ちよう、商品自体の特性、単価にまで口を出してしまうことがあります。しかしそうしていくうちに「他人《ひと》ごと」ではなくなるし、私も自分のもののように、その会社の人と同じような気持ちでその商品を売りたいと思うようになります。そうすると、結果的に、いい仕事ができるのです。

北九州市の到津《いとうづ》の森公園の動物園の仕事も、最初は動物園のギャラリースペースで個展をやってほしいという話でした。そもそも園長の岩野俊郎さんとは対談を通して出会いました。話していくうちに、園長の「人と動物との共生のあり方」「自然」「地球環境」などに対する考え方に深く共感し、そこからのご縁で動物園での個展のお話をいただいたのです。しかし、私は、個展だけではなく、動物園のあり方とは何かというところまで入り込んで動物園における新しいコミュニケーション活動をやりたいと思い、「動物園で、できること／動物園に、やれること」をテーマにした「どうぶつ goen。」プロジェクトを立ち上げ、三十個の企画を本の形にまとめて提出しました。その後、動物園に関わる市民との会合に参加し、コミュニケーターという立場で動物園をどうしていくかというところまで携わることになったのです。

最近は地方自治体からの仕事も増え、街づくりをこれからどうしていこうかという会議や提案などに参加することもあります。街づくりや空間モデルの提案ですから、他の参加クリエイターたちは建築家の方々がほとんどなのですが、その中で私はその街に暮らす人々のコミュニケーション活動として、「心地」「好奇心」「感性」を大切にした提案をさせてもらっています。二〇一二年には、新潟県長岡市に建設された隈《くま》研吾さんによるシティホールプラザ「アオーレ長岡」のアートワークとワークショップを担当し、それが二〇一四年に日本建築学会賞を業績の部で受賞したのですが、アートディレクターが受賞するのは異例とのこと。ますます「際」がわからなくなっていると感じています。

人を想い、未来を想像する

二〇〇八年に手がけた三菱地所の「想像力会議」というCM（口絵XIV）も、内側から変えていくことに関わった仕事でした。子どもたちと「未来をテーマに街をつくる」というシリーズで、実際に百人くらいの子どもたちに集まってもらいワークショップをして、そこからアイデアや企画を出していきました。だから企画・プランナーは子どもたち。それをグラフィックデザイナーの田中秀幸さんにCGにしてもらい、形にしていきました。

もともとは、月に一度行っているcoen。（口絵XIV）という子どもたちを集めたワークショップに参加していた六歳の男の子が、あるとき、「流れ星って簡単にできるんだよ。でっかい段ボールで星をつくるでしょ。巨大な輪ゴムをぐーって引っ張って、ポンとやれば飛ぶよ」とか、「キラキラした道も簡単につくれるよ。お菓子の包み紙をぺたぺた道に貼るんだよ。家の電気が映ってキラキラするでしょ」とか言ったのを聞いたことがきっかけです。それを聞いて、本当にあったらいいなと思ったのです。

子どもたちがいろんな想像力を持ったまま大きくなったら街はもっと良くなる。想像することの自由さ、そしてそこを信じてこそ、本当に素敵な未来が生まれてくるということはあると思いました。

人が住む街をつくっている三菱地所もまた、やっぱり人を想う気持ちや想像力を大切にしている企業です。だからその広告のためのワークショップには、子どもたちだけではなく、三菱地所のその当時の社長以下、マーケティングや設備の人、安全を守る人など、様々な人たちに部署を越えて集まって「想像力会議」に参加してもらいました。

「想う力」は未来の街をつくる構想力。「想う力」は人の生活を考える洞察力。「想う力」は新しい価値を生む発想力。そのことをコンセプトに、街よりも人の方が大きくて、おままごとをするかのように彼らが日本をデザインしていくのです。

大人も子どもたちと同じように未来を想像していくことからはじめる。「想像力会議」は、広告というアウトプットだけでなく、根っこの部分、内側にある想いを変えていくことから未来につなげようとしたおもしろい仕事になりました。

私が手がけたＣＭのシリーズは終わり、当時とは社長も代わり、また新しいコンセプトのＣＭがつくられています。しかしせっかく生やした「枝」をバサッと切るのではなく、関わっている人たちの内側にある「土」から耕して、少しでも土の状態を良くしていくことで、その根っこが未来につながっていくといいなと思っています。そうすれば、自分がその仕事に関わらなくなってもその土は人を育てることができますから。

どんな仕事でも、私自身、つくり手でありながらも、その商品の一消費者でもあります。だからその商品や企業が良い方に行く方が、私の将来にも、きっといいはずなのです。

信じる念が、人の心を動かす力

想像する力を信じるということは、見えないものを信じられるかどうかにかかってきます。人によって「ファンタジーとリアルの境界線」の引き方が違うと思いますが、私は見えないものを信じることが人の心を動かすと思っています。

私にとって、ファンタジーの原点はクリスマスです。いまでも本当にサンタクロースを信じているし、無償の愛や喜びを分かち合うというテーマの中で、歌や絵本やツリーなど、様々なものを通して世界中の老若男女が参加できることは本当にすごいことだと思います。そのことに嫉妬すらしてしまうくらいです。

コカ・コーラのクリスマスキャンペーンのために、画家のハッドン・サンドブロムが描いたサンタクロースの表情やしぐさが世界中の人の心をとらえたことがありました。それは広告の戦略だったのかもしれませんが、「サンタクロースはいるんだ」と信じることで、あたたかい何かが人々の間に共有される。このような広告で、コカ・コーラも親しみを感じる商品になっていったのでしょう。

広告は「枝」です。「それはコカ・コーラの戦略だよ。サンタクロースなんているわけない」とばっさり切り落としてしまったら、そこからは新しい芽が出てきません。「こういうことだったらできるかもしれないよね」「こんなことって本当に実現するかもしれないよね」という希望があるから、新しい芽が出て、そこに葉をつけるんです。

飛行機だってiPhoneだって誰かがこうなったらいいなと想像したからこそ生まれたものです。一度これができると信じたら、人間は賢いから、誰かが技術をつくります。でも、最初にそれを信じなかったら、何も生まれない。

同じように、宣伝部の人や一緒に制作をする人の中で誰かが一人でも信じていなかったら実現しないのです。みんなが「こうなったら素敵だよね」「CDが売れて、こんなライブができたらいいね」「何かがそこで起こって、お客さんがこんなに喜んでくれたらいいね」

という、夢のような、まだ現れてもいない何かを全員が信じていると、その思いが注入されて、そのビジョンが本当に実現できるのだと思います。

信じなければつくるものも嘘《うそ》になるから、私は自分がやる企画は誰よりも私自身が「こうなったらいい」と信じることにしています。信じていると本当になってきて、本当になってくると身体《からだ》が動いてきて、その商品の魅力がよりわかってくる。それくらい人の信じる念が動かす力には大きなものがあるのです。だから何事も信じるところからはじめるし、投げかける広告も、最初はまだ夢のようであっても、みんなが信じたくなって、その先に何か動くかもしれないというものをできるだけ多くつくりたいと思っています。

これまでMr.Childrenやゆずをはじめ、エレファントカシマシ、坂本美雨さん、Salyuさんら、ミュージシャンのCDジャケットの仕事をいろいろと手がけてきましたが、ミュージシャンとの仕事が楽しいのは、彼らが自分の音楽を信じているからです。

誰もが、音楽そのものを信じて出し切っているし、だから早く人々に届けたいという想いを持っています。「このアルバム、自信ないんだ。だからジャケットで何とかしてほしい」なんて言うミュージシャンはいません。もしジャケットがなくてCDの盤だけで出したとしても彼らは売れると信じている。だから本当は透明なケースに入っているだけでも売れるんです。それは、その人が音楽をすごく信じていて、信念を持ってつくっているから売れるし、人に届くんです。伝えたいと思っているから伝わるし、届く。それはもっともシンプルでありながら、もっとも強い事実だと思います。

大事なのは「目に見えない根っこ」

だけど、企業の人たちは結構信じない人も多いんです。特に大きな企業だと、「自分の仕事」というのではなくて多くの中に組み込まれたひとつの役割として仕事をしているので、「上の人はどう言うかな」とそれぞれの立場に気を遣わなければならない場合があるのでしょう。だからデザインを必要としている人も自信がなくて、ミスがないかだけをチェックして、不安な要素がないものを選ぶだけになることも多い。

だけど本気で「この味がおいしい」と信じられる味をつくっていなくては売れません。不安な要素をなくしていっても、つまらない、カラッカラの乾いたものしかできない。でもその商品が魅力的で、全員が心からその魅力を信じていたら、とてもチャーミングなものになります。だから「どうやっても売れるんだから大丈夫！」と最初に絶対信じる。信じていたら、必ず、何とかなっていくものです。

企業の商品広告をつくる場合、まずはその商品の魅力を私が信じて、その魅力を私がどんどん口に出していくのです。そうすると、周りもだんだん盛り上がって、みんなも「うちの商品いいかも！」と信じはじめます。みんながそのぐらいの気持ちになっていって、「うわ、最高！」というところまで持っていけばいいんです。そうすると、撮影現場は、みんな熱くなって、もうナルシシズムな状態になります。

信じ、熱くつくり、仕上げでは冷静になる

そこまでみんな「目に見えない根っこ」を信じられるようになったら、私は一転してすごく冷静に、あらゆる角度から広告というものを見ていきます。

最初は、自分の直感を信じるようにするし、もとの土から綺麗《きれい》にし、その商品に想いを入れる。そしてある程度、みんなが動き出してからは、本当にそれで良かったのかどうかを「一人の客」として見る。時に、編集やデザインをガラッと変えることもあるし、これまでやってきたことをバサバサ切っていったりすることもあります。だから、周囲はみんなびっくりする。だけどそれは目に見える部分の変更ですから直していっても大丈夫。そこを変えても根っこは変わりません。

「信じるけれど、つくる段階では冷静になる」というのは、プロとして重要なことだと思います。

よく美大生が「見てください」と作品を持ってくることがありますが、想いや自らの主張が出すぎている作品は、見ていて気持ち悪くなることが多いです。想いも強いし、信じているし、それはとても素敵でも、それが強すぎると「ついていけない」という感覚になる。「自分が頑張っている」という感じしかしなくなると、広告としてお客様には伝わらないのです。

ここで間違ってはいけないのは、クリエイティブディレクターは、自由に自己表現するアーティストとは違うということです。クリエイティブディレクターの仕事は、その商品をどういう人に買ってほしいのか(マーケティング)、どのように売っていくのか(プロモーション)、その値段はいくらくらいがいいのかなど、全体のコンセプトに関わり、与えられた制限の中で、クライアントから求められる最大限の結果を生み出すための、そのプロセスすべてをつくっていくことです。

ですから、クライアントがやりたいことを感じ取り、整理し、広げる力、そこから生まれた自分のアイデアを伝えるプレゼンテーションの力、そしてアイデアをより素晴らしいものにしていくために、写真家、映像作家、音楽家など様々な分野の専門家としっかりと意見を交わすことができるコミュニケーションの力、そして、そこから生まれたものをさらに発展させていく力が大きく必要とされます。

つまり、絵を描くことはそのアウトプットのほんの一部。センスがあればデザイナーになれるというわけでも、絵がうまければデザイナーになれるというわけでもなく、自分の想いや自己流のアートだけで形になる広告などありません。私自身、絵が人間の感覚に訴えるものの強さは重々知っていますから、もちろん絵の力を信じています。しかし、それ以外の要素、特にコミュニケーションができてこそ、企業の理念から商品まで、そして商品から世界観まで、この時代に生きる人たちに伝えたいことをデザインとして描くことができるのです。

私が考えるクリエイティブディレクターとは、企業の人生までをもデザインし、未来のビジョンまでをも描ける人のこと。だから私は、出来上がりだけではなく、制作していく過程のデザイン（人材教育、コンセプトメイク、メディアの選定・企画）や、その商品や企業の中にある根っこの部分にまで関わりたいと思っているし、最後に広告が届く人たちのことを考えると、やはり、冷静さ（客観性）が必要なのは当然のこと。

なぜなら一口に「お客様」といっても、東京のような都会に住む人も地方のどんな田舎に住む人も、ハイテンションな人も寂しい人も、一人暮らしの人も家族で暮らしている人も、広告は、いろんな人が見るものだからです。そこには何万通りの人がいるわけだから、最後の段階では、つくる側ではなく、見ている人の側になることが必要だということです。

そういう意味では、広告は、つくったもの自体の力が発揮されるのはいいけれど、つくり手の意志や力は、結果的なアウトプットに向けてはいけないのです。そうではなく、寄り添うのです。

それでも「森本さんがつくったってわかるよ」と言われることが多いのは、それは「土」に関わっているからかもしれません。

「何を描きたいか」からイメージする

では絵を描くときはどうか。絵など自分の作品をつくるときは、自分の力や意志を思い切り発揮します。「そのときにしか描けないものがある」と思っているからです。一番良くないのは「それっぽい絵」を描くこと。絵は、やっぱり「オリジナルであること」が大事です。

松任谷由実さんのアルバム『POP CLASSICO』のジャケット（口絵Ⅲ）をつくっていたとき、ちょっとした問題が起きました。ジャケットはすべて絵文字で構成されていますが、その絵文字はすべて実写と私の絵を組み合わせてつくりました。しかし最初のプレゼン案は、コラージュと私の絵でつくったのです。コラージュですから、ある雑誌の一部やある写真集の女の人のパーツを素材に使いました。

「コラージュはオリジナルなのかオリジナルではないのか」という議論はつねにありますが、私にはコラージュの段階で、はっきりとユーミンさんにこういう格好にしてもらって、こういうポーズをとってもらいたいという造形のイメージがありました。それをもとに、服もオリジナルでつくって撮影しています。しかしスケッチの段階では、そのイメージを持ちながら、反射的にいろいろな写真のパーツを組み合わせて造形しているのです。その最初のスケッチの段階で、コラージュの一部の女の人のパーツが何かと類似している部分があって「真似《まね》なんじゃないか」と言う人がいたんです。だけどそれは「素材」であって、料理人が、塩・コショウでこの食べ物とこの食べ物を組み合わせて料理をつくり上げる前に、「真似してるじゃないか」と言われているようなもの。

だからこそ大事なのは「画力」であって、絵のタッチは「何を描きたいか」を考えて決めていきます。そのイメージの在《あ》り処《か》は絶対的にオリジナルで、見たことがないものです。ただ、それを表現するための素材や色は既存のものであったり、目の前にあるものだったりするというだけ。

「外国の何とか風」というものがうまい人もいると思いますが、根っこの構築、ゼロから練っていくこととはわけが違います。この形がいまウケているから、それらしい格好いいものをつくろうというのではなくて、こんな形でいけるという漠然とした自信と、その形を練るときの完璧な感覚こそが基礎力です。その基礎力があってこそ、オリジナルはつくれるのです。

本物の衝撃が自分の体験になる

ではその基礎力とは何か。デッサン力と言ってもいいのですが、線のタッチや手の器用さではなく、「なぜその線なのか」ということにいかに説得力があるかだと思います。

絶対的な感覚と、距離感、洞察力。デッサン力というのは絵がうまいことではなくて、そこにあるモノ、空気、影や光の感覚を捉える能力なのではないかと思います。それをキャッチして、そのモノがまったくない場所に、目をつぶってでもそのモノを出すことができるか。

それは、アイデアを粘土からつくることに重ねられます。

偉そうなことは言えませんが、平面だけの、土を練っていない格好いいデザインも世の中には多いと思います。しかし、同じ平面の、たとえばタイポグラフィー（活字）のデザインだとしても、この人のデザインは土を練っていると感じるものもある。同じインクを使っていても、そこには明らかな違いがあるのです。

やっぱりいかなるものも、土から練り上げた「本物」がいい。美しいだけではなくて、汚くても、子ども向けでも、おもしろいとか、下品とか、オカルトとか、どんなジャンルにあったとしても、私は「本物」が好きです。売れている売れていないは関係ない。

その志向が年々強くなっています。だからといって自分が本物をいっぱいつくれているかというと、まだ全然つくれていないということも自覚しています。だからこそつくりたいと思って一生懸命やるのです。そういうもの、そういう人への貪欲な想いがいまの私をつくっているんだと思います。

環境が人を育てると書きましたが、環境が「本物」をつくる場合もあると思います。だからまずは「本物が何か」を知る環境をつくることです。それまでに本物を追求したり、本物に触れたり、出会ったりしていなければ、それが本物かどうかわからないからです。

本物って、やはり衝撃があるんです。たとえば海に入って波にもまれるというようなことと同じで、芸術もまた、本物に触れるとき、痛かったり、心から声を上げたりしたくなるような瞬間があったりする。そういう衝撃をどんどん体験していかないと、結局、自分がつくるものも形だけになってしまいます。

幾度もの敗北を重ね、本物を知る

もう少し、本物を知ることについて話を続けていきましょう。

先日、ユーミンさんと奄美大島を旅したのですが、山の中に入ったとき、昆虫が交尾しているのを目撃しました。その昆虫の柄がものすごく美しくて、二人して、その精度の高いグラフィックともいえる柄にすっかり見とれてしまいました。それは植物や花も同じですが、なぜ、あんな色、あんな形になるのかと、自然がつくり出した美しさに触れるたびにとても不思議に思うのです。最近気に入っている『NATURAL FASHION』（DU BOOKS）という写真集があります。そこに写っているのはアフリカの少数民族の人々が植物の葉や花をまとい、模様を顔や身体にペインティングしているポートレイトで、その中に、彼らが本物の自然の中に紛れている写真があるんです。しかし、人間の身体にペイントされた線や点は、実際に光にあたっている植物のハイライトと混ざり合っていて、どこに人間がいるのか、どれが本物なのかわからないのです。自然の中で生きるために彼らはそのような模様を身体や顔に描いているわけですが、それがとても昆虫に近いというか、これこそ、自然の中で生まれた本物のアートだなと思いました。そういう本物に触れると、ああ、かなわないなと思うのです。奄美で昆虫を見ながらユーミンさんと話したのもそんなことでした。ものづくりにおいて「造花っぽいもの」はすぐにわかります。だからこそ、「本物か本物ではないか」という確かな目を育てるには、やはり本物の自然をちゃんと見て、自然の中に入っていくことが重要なのです。

また、先日、鹿児島にあるしょうぶ学園の校長先生と話をする機会がありました。しょうぶ学園とは障害のある人たちの感性溢《あふ》れる創作姿勢に魅せられ、芸術や音楽を中心に創造的な活動を行っている支援センターで、そこの人たちがつくる音楽やアートは本当に素晴らしいんです。だけど、校長先生がおっしゃるには、彼らは、「どんなふうな作品をつくりたい」という意志があって創作しているのではないとのこと。たとえば、ずっと刺繍《ししゅう》をしている子に「何をしているの？」と訊《き》いても「刺繍しています」以上のことはなく、「どんな刺繍なの?」と訊いても「いや、だから刺繍しているんです」としか言わないんだそうです。私たちはどうしても、ある目的を持って「こんなふうな刺繍をしたい」と思ってしまいがちです。だけどしょうぶ学園の人たちは「ただ刺繍をしている」それ自体、そのとき自体が幸せなのです。そういう純度の高さもまた、自然に近いものなのだと思います。

そう考えると、障害のある方々は何かが足りないのではなく、私たちが足らされすぎているのかもしれない。いろんなものを身につけよう身につけようとして、「デザインが良くできる道具」になっていっているのではないかと思ったりします。

やはり本物はすごいです。私はそういう「本物」に触れるたびに、しょっちゅう「もうダメだ、もうダメだ」と苦しみます。横尾忠則さんにお会いしたときも黒田征太郎さんにお会いしたときも「もうダメだ」と思いました。芸術にしろ、音楽にしろ、人にしろ、「本物」は絶対的にクリアです。そういうものを前にすると自分の未熟さが露《あらわ》になるし、それを受け入れられる体力がないと受け入れることもできないから、受け入れた後は、敗北感にぐったりしてしまいます。

しかし、本物には出会おうと思わなければ出会えないし、出会わないといま目の前にあるもので満足してしまうのです。だから、やはり、本物への追求心を持ち、実際に出会い、敗北する経験を多数重ねてこそ、本物が何かがわかり、本物をつくっていけるようになる。その体験すべてが基礎力になっていくのだと思います。

最後の最後まで貫く意志を、プロフェッショナルと呼ぶ

もうひとつお話をしたいと思います。先日、この本の装丁をお願いした葛西薫さんと昼食をご一緒させていただきました。そのとき、葛西さんがおもしろいことをおっしゃったのです。

「仕事というのは、まず、『いま、思っているよ』という第一段階があって、次に『いま、考えているよ』という第二段階がある。そして、『いま、つくっているよ』という、第三段階がある」と。

この日、葛西さんからはいろいろと仕事の話を聞かせていただきました。私は、葛西さんが手がけた、イタリアの画家であり映像作家であるジャンルイジ・トッカフォンドを起用したユナイテッドアローズの広告キャンペーンがとても好きなのですが、その制作時には、約一年間、他の仕事をすべて断って、ひとつひとつの打ち合わせを大事にし、このひとつの仕事に取り組んだのだそうです。私もその時期、アニメーションを動かす仕事の打

ち合わせをしていたので、「そのＣＭのコマ撮りに使った絵はどれくらいの量だったのですか」と訊くと、葛西さんは「数えたことはないけれど、床から紙を積んでいって一メートルほどになった」と言い、嬉《うれ》しそうにトッカフォンドの話を聞かせてくれました。

ひとつの仕事にかけるということのすごさ、しかも、愛情を持って仕事をするということは、それくらいのことなのだ、いっぺんにたくさんのことはできないものなのだということを思い知りました。それは逆に自分に対して、私はそうしてきただろうか、コンビニエンスストアやファミレスのようになっていたのではないかということを突き付けられることでもありました。ああ、これではダメだ、全部やり直さなくては、と、本当に思ったのです。

ちょうどそのときは、二〇二〇年に開催される東京オリンピックのロゴをコンペティションに提出するために制作している時期でもありました。アイデアと展開はすぐに浮かびました。「こんな発想でつくっていけばいいのではないか」と。いつもの仕事のように、自分で絵を描いて、デザイナーにパソコンでグラフィックをつくってもらい、いくつかの案をつくりました。しかしその案を周りの人たちに見てもらうと、こっちも好き、こっちも好きと、みんなの意見が分かれてしまうのです。どうも何かが足りなくて、「これだ！」

と極まるものが生み出せていないような状態でした。

本物のアートディレクターとはものすごい「職人」

そもそもオリンピックのロゴのコンペは、誰でも参加できるものではなく、実績が評価されて権利がもらえるものです。訊けば、そうそうたるデザイナーがコンペに参加するとのことで、ずっと憧れていた先輩たちと同じコンペに参加できるということに、私はただただ感激していたのですが、こうして葛西さんとお話をしていくうちに愕然《がくぜん》とするくらいひとつのものにかける姿勢に違いがあると思いました。何かが足りない、何かが足りないと思っていたけれど、それは、「本気が足りない」のだということに気づいたのです。

同じアートディレクターという職業をしている限り、絶対に一緒に仕事をすることはありません。だから「葛西さんのデザインが好きだ」と私が言うとき、それはただの趣味というか、好きなミュージシャンを見るような私的なものでしかありません。しかし、オリンピックのコンペのように、同じ土俵に立ち、どちらかあるいは誰かが勝つ、という状況になったとき、年齢やキャリアは関係なく、どれだけデザインを好きか、どれだけのことをやってきたかということがイヤでもさらけ出されてしまいます。まるで広い海にたった一人、水着だけで投げ出されたような気持ちでした。私はこのとき、あらためて、オリンピックのコンペに提出するということがどういうことなのかを実感したのです。

ひとつひとつ、全身全霊で、自らの手で、自らの指で描く姿。それこそ、本物のアートディレクターなのだと思いました。それはたとえて言えば、その一点にかけていく「職人」です。私はまだ職人になれていない。まずそこからやらないと、私はこのコンペに参加する資格がない。私と葛西さんでは、ひとつのものにかけていく意志が違うと感じました。

デザインにもスポーツ精神が必要

その後、ある友達と話しているとき、スポーツ選手というのは、どんなに努力をしてきても勝つか負けるかしかない。試合のその瞬間に力を発揮できるかが重要だという話になりました。これくらい頑張ってきましたとか、こんなことを考えてきましたという過程はどうでもよくて、その結果がすべてであり、その結果はとんでもない努力がないと生み出せないのだ、と。そして、「千絵のデザインにはスポーツ精神が足りないんじゃないか」と言われたのです。

思えば、サーフィンを通して身体で感じる大切さ、精神にもたらすものの大きさ、また、やわらかく身体を使うという根本的なことは体得してきたつもりでいましたが、勝負として身体を使うということは、私はこれまでしたことがなかったのです。よく「スポーツマンシップにのっとり、正々堂々と戦うことを誓います」と言いますが、その「正々堂々と戦う」ことを私はしていないのではないかと思ったのです。雰囲気とか、森本千絵がつくるブランディングとか、周りの人たちとか、そういう世界観に身を包まれ、愛されて育ってきたけれど、そのすべてを取り払ったとき、もしくは、その人たちを自分の内側に入れて、自分が外側にさらけ出されたとき、正々堂々と勝負できる強さが私にはないのだと、そのとき痛いほど自覚しました。それは、葛西さんの言う、「思う」「考える」はしていたとしても、「苦しいほどにつくる」ということまではしていなかったということ。これまで、ある程度、楽しくものをつくってきたし、それなりに努力はしてきたし、ずっと本気でやっていましたが、もっと「とんでもない本気とは何か」というものを考え直させられた気がしたのです。

だから、生み出すことができないのだと思いました。私は、「生み出す力」がプロフェッショナルではなかった。だけど、私は「生み出す」ことをしたい。とりあえず「出せばいい」のではない。徹底的に自らのDNAから、一ミリも狂いのない、清らかな、完璧なものを生み出したい。身体の内側から、震えるようにそう思いました。

葛西さんのつくるものも、そして葛西さん自身も、とてもやわらかくて、優しくて、だけど、芯の強さがあります。でもそれは「最後はつくるのも選ぶのも己の力であり、己の意志である」とわかっている人のしなやかさなのだと思います。それが評価される、されないとか、多数派なのかなどは別にして、自分が本当にいいと思ったものを自分がちゃんと出すのだ、ということを覚悟している人のすごさ。だからこそ、葛西さんは人に対しても穏やかだし、優しい。

葛西さんと話をさせてもらったことは、私にとても大きな気づきをもたらしました。そうして初心に返ったとき、さらにわかるのです。何段階も向こうの、本当にすごい人だということが。だから、私自身、ますます努力が必要なのです。

だけど怖《こわ》かったです。どんなにチャンスは巡って来ても、いくらもてはやされていたとしても、周りがどんなに手伝ってくれたとしても、つくるのも選ぶのも、絶対的に「一人」であるということ。「私自身でしかない」ということ。そのことがとても怖かった。

だけど、もう、そこに飛び込むか飛び込まないかというふたつの選択肢しかありませんでした。しかもこれは「期限なし」。「この意志に締め切りはないぞ」と自分に言い聞かせ、私は、それをやると決めたんです。

それからは、毎日、朝五時半に起きて、六時くらいに神社にお参りして、散歩して、ランニングして、七時から家の窓を全部開けて制作をはじめました。「サーフィン好き」から「プロのサーファー」になったという言い方ができるのかもしれません。プロとは何かという定義はいろいろあると思います。お金をもらうこと、指名されて仕事を受けることなどもそうかもしれません。しかし、プロになれるかどうかの境界線は、最後まで自分の意志で成し遂げると決められるかどうかにあると思います。

その意志を持って取り組むと、ものをつくることが、サーフィンをすることとくらいに気持ちよくなりました。理想と現実の身体がカチッとひとつになった。まだうまく言葉にできませんが、心身が努力によって変わってきていると実感しています。

社内のデザイナーにも、「こんな雰囲気で」と指示してパソコン上でグラフィックをつくってもらうのではなく、自分で一本の線を何回も何回も描き、極めていく職人のように、完璧なものを画用紙と鉛筆でつくっておいて、最後の最後、「汚れがついているからここだけは修正しておいて」と伝えるような頼み方に変えました。企画書も文章も、全部指示書を付けて渡しました。

オリンピックのロゴも、最初、パソコンでグラフィックをつくっていたものを、十二時間かけて、烏口《からすぐち》を使って自分で線を引いていきました。ものすごい集中力だったと思いますが、集中していることが楽しかった。ロゴをつくっているときに思ったのです。「オリンピックの選手はマネージャーやスタッフと一緒には走らないじゃないか」と。一人で泳いで、一人で走る。このロゴのコンペの提出は、goen°に来た話ではなくて、森本千絵・個人名でやるものです。社員はサポートで、一個一個私が描いたものをパソコンで配置してくれたりするプロフェッショナルがいるのだと思えたら、気持ちがラクになりました。だから納得いくまで何回もやり直して、自分が力を百パーセント出して、みんなにサポートしてもらうことで百二十パーセントになるという感覚がありました。

「グッ」とくるものの中にあるもの

そうやって意志が変わってからつくったものは、どんな人が見ても歴然と違うものになったと思っています。グッとくるんです。つくったものに対して、グッとくる。

いままで、葛西さんや同じグラフィックデザイナーの仲條正義さんたちのロゴを見たときに、なぜグッとくるんだろうと思っていました。同じようにプリンターで出力したものなのに、もしかしたら、紙が違うのではないかと思っていた。企画は良くて、同じものをやっているのに、なぜ二人がつくったものの方がグッとくるんだろうと不思議だったのです。しかし、その「グッ」の中にあるものがわかりました。

そのことに気づけて、ひたすら向かっていけたということが私にとってはとても大きなものであり、ひとつのターニングポイントになったことは間違いありません。しかも小さい頃から夢見ていたオリンピックをめざして、選手の気持ちそのものになって勝負を賭けることができた。

子どもの頃からずっと好きなものは、「本気」であり、「本物」でした。そこに込められている何かにずっと惹《ひ》かれ、憧れ、近づいていこうとしてきたけれど、ここに来て、そこに立てたような気がします。だからこそこれからが大変だなと思う。死ぬまで期限なし。だけど、「もう、やるしかない」と思っています。

5

私はこんなふうに世界を見ていた

テーラーが私のアトリエ

この章では、いまの私をつくってきたこれまでの環境についてお話ししたいと思います。

私は一人っ子で、最初にも触れましたが、東京で父が仕事で忙しかったこともあり、子どもの頃は、よく青森県三沢市に住む母方の祖父と祖母のもとに預けられていました。

幼稚園は東京のサレジオ教会のサレジオ幼稚園に通っていましたが、春夏冬休みは青森で暮らすという幼少時代。青森の家の周りは自然豊かな草原で、いつも隣の男の子と野山を走り回り、歌を歌い、釣りに行き、海や川に入って遊んでいました。

私に「大切なことは色と音楽で伝えるんだ」ということを教えてくれた祖父は、台湾系の血を引いていて、三沢空軍基地の中で米軍相手に紳士服の仕立てを行うテーラーを営んでいました。私は、英語、中国語、日本語が飛び交うそのテーラーで、洋服の生地を触ったりしながら子ども時代を過ごしました（口絵X）。

祖父はいつも余った生地で切り絵をつくってくれました。私もミシンの周りに落ちている布や糸を拾っては、箱に入れたり瓶に詰めたり、折り紙みたいに布に糊《のり》をつけてコラージュしたり。思えば、そのテーラーは私の最初のアトリエみたいなものでした。壁の棚にはぎっしりと様々な種類の布が入っていて、その生地にはいろいろな色があって、ブルーは十二色のクレヨンに入っている「空色」という色だけではなく、テカテカ光っているブルーもあれば、じっとりした重いブルーもあり、私はその布の質感と一緒に色を覚えたのです。松任谷由実さんと仕事をしたとき、森本千絵のデザインの特徴は「色」だと言われました。色の捉え方が変わっているというのはよく言われることです。でもそれは質感や感触とともに色を覚えたから、ひとつのものに対して、いろんな色が見えているのかもしれません。

小学三年生の夏休みの宿題は、テーラーのスタッフたちと一緒につくった絵本を提出しました。流れ星で海に落ちてしまった星の国の姉妹が、イルカの親子の助けを借りて星に戻るお話です。祖父が総合プロデューサーで、私が下地の絵を描いて、ミシンのおじさんが色を塗ってくれて、母が絵の具をドライヤーで乾かす。人と一緒にものづくりをするということは、この頃からやっていたことだったのです。

青森では、何かをつくったり、自然の中で泥んこになって遊んだりすることで、身体《からだ》で楽しいことを見つけていった私ですが、一方、東京での幼少時代のことはあまり覚えていません。

というのは、なぜ生まれてきたのかわからなかった、だから主張もない、本当にぼーっとしている子どもだったんです。なぜかその頃のことで唯一覚えているのは、部屋の隅っこに誰かが落としてしまったビスケットを見つめていたこと。全部拾って、きっちり綺麗《きれい》に並べたいというふうに思っていました。そんな感じだから、幼稚園ではいじめられていた記憶しかありません。友達はいず、幼稚園の子たちと遊ぶのもイヤだから、トイレでお弁当を食べていました。下級生の子が遊んでいるところに行って、同級生が来ると滑り台の裏に隠れたりしていたのです（口絵X）。

私の幼少時代は、そんな三沢と東京というふたつの環境の中、ふたつの自分を行ったり来たりしていました。私の中に、身体で覚えないと楽しくない、信じられないという部分と、頭の中で社会の状況を注意深く洞察しないと生き残れないと感じている部分の両方があるのは、このふたつの原体験ゆえだと思います。

私の細胞に多くのことを触れさせた父と母

三沢に預けられることも多かった私ですが、両親は惜しみない愛情を与えてくれました。父は私がやりたがることは何でもやらせてくれる人(口絵X)。「花火がしたい」と言えば、おもちゃ屋から買い占める勢いで花火を買ってきてくれるくらい、与えるものは惜しまず、褒めることも惜しまず、どんなに忙しくても、クリスマス、誕生日、正月、運動会など、家族の思い出となるようなイベントには必ず一緒にいて、思い出をたくさんつくってくれました。普段は家を空けることが多かったけれど、二千通を超える父からの手紙が私の手元には残っています。子どもの頃からずっと、毎朝、ファクス用紙や原稿用紙を二分の一に切ったA5サイズの紙にメッセージを書いた手紙を置いていってくれたのです。親子なのに、「何々の花が咲きました。元気ですか」というようなことが書いてあったりする。二〇一四年に私が結婚して実家を出たので、離れて暮らしていますが、たまに帰ると「結婚生活お疲れさま。楽しく二人で過ごすんだよ」と、いまでも手紙が置いてあります。それらの手紙を母は半分に綺麗に折りたたんで、すべてジップロックに入れてとっておいてくれていました。いまは、私がもう一度広げて、その折り目のついた手紙をgoen°のケースに保存しています。

また、父は、私からの手づくりのグリーティングカードを、いつも本当に嬉《うれ》しそうに受け取って、大事に持ち歩いてくれていました。いまでも父は幼稚園の頃から渡した数多くの誕生日カード、父の日のカード、何から何まで、自分のかばんの中に入れて日々持ち歩いてくれているのです。だからいつもかばんが分厚くなっています。

私が小さい頃、父は沢田研二さんや吉川晃司さんなどスターを育て、マネージメントをする仕事をしていました。あまりに忙しい父を見て私はそういう仕事はしたくないと思っていました。しかし父は一緒に働いているタレントさんの撮影現場や自宅に連れて行ってくれることもありました。そして気づいてみたらタレントさんの家で私は、いつも自分の家や学校で行うようにカセットテープのジャケットを手づくりしたりCDジャケットをつくったり、衣装の絵を描いたりしていたのです。こうして音楽や芸能のことが、知らない間に私の細胞に触れていたのかなと思います。

その後デザインという仕事をするようになりましたが、この仕事は商品をマネージメントして多くの人に届くようにブランディングしていく作業でもあります。「組曲」の石原さとみさんのCMをつくった際にも感じたことなのですが、彼女が「どう見えていくのか」

「どうなっていくべきなのか」ということをイメージして、髪型や雰囲気など細部までビジュアルの中で詰めていく。一人の人間をアートディレクションしマネージメントをしていくのです。そう考えると結局私は、デザインを通して父の仕事を追っているのかもしれません。

実際goen°という会社は父と一緒に立ち上げた会社であり、昭和の時代に存在した沢田研二さんのような圧倒的なスターを育てることもこれからのひとつの大きな夢なのです。

母もまた、私に本当に多くのものを見せてくれました。現実的なものよりも、夢のあるもの、美しいものをたくさん見せてくれた人。やわらかく、だけど信念が強くて、空想家。つねに夢を見ていて、すべてのことは絶対ハッピーエンドになると思い込んでいる人です。だから、だいたい映画やドラマの中を生きている。仕事や人生のことで私にくれるアドバイスも、「あれ？　それ、あの映画のあのセリフじゃない？」というようなことが多いのです。いろんな人の考えてきたファンタジーが、母の中ではリアルになっていて、その中でいろんな経験を積んで、まるでおとぎ話みたいな現実を生きています。

子どもの頃、母はいつも枕元で自作の物語を聞かせてくれました。だから私は絵本を読んでもらっていないのです。私が途中で眠ってしまって、次の日、物語の続きを聞きたくてねだると、昨日とは話が変わっていることもしばしばありました。それでまた母は新しく物語をつくっていくのです。

そのように考え、母がひとつの大きな木だとするならたくさんの実と葉っぱをお話を通してもらったなあと思います。そしていまこれが「三越伊勢丹goen°plant planet」というプロジェクトにつながっているのです。

このプロジェクトは二〇一五年四月末から「母の日」に向けて行うもので、「母から子への贈り物」「子どもから母への贈り物がえし」というコンセプトで、「お母さんの大きな木」が、自分についているたくさんの「お話の葉」を「子どもの小さな木」に渡していくというものです（口絵XV）。そうやって「お母さんの大きな木」が「子どもの小さな木」に手渡していくお話には、それぞれ違う物語があり、違うキャラクターが登場します。このキャラクターをデザインし、商品をつくり、母の日の伊勢丹新宿店で全フロアーを通して販売するのです。関連して子どもたちとのワークショップも行い、また、この物語は私にとっての初めての絵本にもなる予定です。実はいま、私の身体にはひとつの命が宿っています。自分が母として自分の身体の中に子どもがいる状態でこのようなプロジェクトができることは、とても運命的だと思っています。

家族からの愛情がどれだけの力になるか

今までお話ししましたように母はそうとうファンタジーな人です。そして、ファンタジーかリアルかでいうと、父と母は真逆で、父は目に見えるものしか信じないし、着実に努力して目の前のものを得ていく人。母は目に見えないものを信じている。この世界には見えないものがある。自分の力ですべて何かしようとしても、自然に反することはなし得ないのだということを言える強い人です。意見の違いで二人が喧嘩《けんか》することもあったのですが、私は幼い頃、その間でいつも「どっちが本当なんだろう」と思いながら二人を見ていました。

子どもの頃は家族が社会のすべてですから、父の意見、母の意見、私の意見の三者の間にあるものを選んで生きてきました。いまでもその三角形のバランスが私のものづくりにおいても基準になっています。点だけで考えてしまうと、独りよがりになったりバランスが偏ってしまうから、たとえば企画で「中心」を出すときにも、まず三点まで絞って、その点と点を結びながらベストな内容に向かうように考えていくのです。そうするとバランスがとれてうまく物事が進んでいく。それも三人家族というバランスの中で学んだことかもしれません。

このような体験から、私は、世の中に生まれてくるもののすべては愛されて育つことが一番の幸せだと思っています。

これは私自身が、家族から受けた愛情が、私の大きな力になっていると実感しているからなのです。

goen°を救ったザ・ブチョウ

家族といえば目のぎょろぎょろしたチワワ犬のザブも重要な一員です。ザブというのはザ・ブチョウの略。ザブはgoen°の部長なのです。

会社を運営していくのが大変で、一時、goen°をたたもうかと考えていたことがあります。会社は持たず、個人で作家として絵を描いていこうかどうか悩んでいたのです。ちょうどそのころザブはやってきました。goen°で働いていたマネージャーさんが連れてきて会社で一緒に仕事をしていたのですが、ザブという動物、生き物と一緒にいると元気が出てきて、goen°もやめなくていいかなという気持ちになっていきました。そのうちマネージャーさんが一人暮らしでもう飼えないのでよかったらどうぞということになり、譲り受けました。昔から我が家では犬を飼うことは反対されていたので独身女が三十五歳にもなって自分の部屋にこっそりと隠して飼っていました。しかし、案の定、母親に犬くさいと気づかれていたのですが結局飼うのを許してもらいました。

うちの犬になって二日目ぐらいのとき、いきなり一週間ぐらい、行先も期間も決めないで、私はザブを連れ、どこまでもどこまでも旅に出ました。レンタカーを借りたり、フェリーを乗り継いで島まで行ったり、そうやって日本中を旅しているうちに、あるとき、「仕事がしたい」という気持ちが久しぶりに戻ってきてgoen°を再開したんです。何か自分の中で止まっていたものが再生されてきて、もう一度goen°をやっていこうという気になったのです。

goen°という会社から逃げて犬と一緒に現実から逃亡したわけです。それがあったのでザブと私、部長と社長の私は特別な関係なのです。ザブがいなかったらgoen°もやめていたかもしれません。

メッセージに絵を添えるともっと伝わった

話を戻しましょう。小さい頃から絵を描くことが私は好きでした。幼稚園のときのこと。「森本千絵は何グラムで生まれてどういうふうに育ってきたか」という自己紹介を本にする時間があり、私はそれを表すのに、切り絵で本をつくっていきました。三千九百グラムで生まれた大きさを伝えるために絵を描き切り絵を作ったのです。事実を絵で伝えていく、事実を絵に変換していくとおもしろいということを、この頃から感じていました。

通っていたのはクリスチャンの幼稚園で、そこでの教育はキリスト教の教えに基づいています。聖書が基本です。聖歌は毎朝歌うし、お食事前後にも歌います。また、絵の好き嫌いに関係なく、その幼稚園では「お母さんありがとう」「あけましておめでとう」「メリークリスマス」などというグリーティングカードをつくったり、「クリスマスのカレンダー」をつくってそこに絵を描いたりするのが当たり前でした。

だから、絵を描いたグリーティングカードをつくることは小さい頃から好きで、両親にもいつも贈っていました。小学校に入ってからはその延長で、友達の年賀状を代わりにつくってあげたりカードや写真フレームをつくってあげたりしました。その上、テストの答案用紙にも答えの横にちょっとした挿し絵を描いたり、読書感想文ノートにも感想文のスペースの倍くらい大きい絵を描いたりしていました。感想文に絵を入れるなんて、本当は余計なことなのですが、私は何かを伝えたいとき、いつも絵で説明を入れていたのです。

小学生になると、私の他にも漫画やデッサンがうまい友達もいましたが、私が好きだったのは「メッセージを絵にする」「メッセージに絵を添える」ということ。あくまで、「ありがとう」を伝えるためや、感想文に言葉だけではなくもっと伝わるように絵を付け加えることだったのです。だからノートもこうしたらもっと見やすい、こうしたらもっと勉強しやすい、こういう色だったらわかりやすいと思ってつけていって、ノートのあり方を自分なりにつくっていったのです。すると、次第に、みんなが私の真似《まね》をしたり、先生が私のノートをコピーして授業に使ったりするようになってきました。そうしていくうちに、クラスの中でようやく「森本千絵」という存在が他の同級生たちに認識されるようになってきたのです。

それまでの私は幼稚園時代からの延長で、透明人間みたいな感じでした。自分でも自分の存在意義がよくわからなかったのですが、絵を描くことで、自分の居場所がだんだんとわかってきた気がします。

それからは、表現すること、伝えることが趣味になっていきました。キリスト教の日曜学校でも、聖書の文章を絵で描いて、より小さい子たちにわかりやすいように紙芝居をつくる係をやっていました。そうすると子どもたちは喜びます。聖書を読んでもわからないけれど、絵にすると興味を持ってくれる。伝えたいなという想《おも》いと、その話をわかってもらいたいなという想い。それをどうやって絵にしようかと考える。そういうことをするのが好きでした。

小さい頃から、祖父や両親が与えてくれるものが何かしら表現に関わるものだったということも大きいと思います。また、家族は、私が描いた絵をいつも褒めてくれていました。だから私自身、絵を描いたりした方が、しゃべるだけよりも確実に相手の心が動くんだということを小さいながらに感じていたのだと思うのです。

みなそれぞれなのに、答えが同じなのはおかしい

どこにも属さずどこにでも属する。それが私の中学からのスタイルでした。

中学になるとどうしてもグループに分かれてしまうものですが、私はギャル系、オタク系、体育会系、勉強できる系といろんなところに顔を出して、どのグループとも少しずつ関わりながら過ごしていました。

というのも、どこかに属すると、そうでないものを排除するようになる。敵をつくりたくないので、どこにも入りたくないと思っていたのです。また、中三のときには美術大学に行くと決めていたので、クラス内の派閥のどれにもうまく属しながら「でも私、絵を描

く学校に行くし」という想いもあって、どこかひとつのグループには属さずに済んでいたのかもしれません。

学校の成績はというと、小学生のときから自分でノートをわかりやすくつくってきたから良くなってきて、その上家庭教師もついていたので特に理科と数学が得意になったのです。だから中学二年生からは理数系の大学に進学するための予備校に通っていました。ところが、予備校だから自分の学校の生徒以外のいろんな人がいる。かわいい子、格好いい子、変わった子、こんなにいろいろな人がいるのに、どの子もみんな頭が良くて、同じ答えを出すことがイヤになってきたんです。みんな同じ答えを出して何になるんだろうと思い、他に何かないのかな、その人たちより私が得意なことは何だろうと考えたら、絵で伝えることだった。私はその頃もやっぱり変わらずテストの答案用紙に絵を描いたり、罫《けい》線《せん》をつけたりしていましたから。それで先生に相談したんです。そうしたら「他の予備校に美術系の学科があるから行ってみたら？」と勧められ、中三への進級を機に、代々木ゼミナール造形学校の春期講習に行きはじめました。

最初は、「何だここは⁉」と思いました。校舎は天井がやたら高くて、そこには石こう像や大きなニケの像があって、勉強じゃないことを教える予備校があるんだと思ってびっくりしたのです。そこからおもしろくなって通いはじめました。そこに通っている人たちはそれぞれに伝えたいことがあって、中高生なのに自分の人生観までも持っている。そういう世界がすごく好きになりました。

自分の高校に戻ると、「私、絵は下手だから」と、絵を描かない友達もいる。しかし、誰でも絵は描けるし、絵も音楽と一緒で、伝えたり、感じたりすることの延長にあるもののような気がしていました。踊りたければ踊ればいいし、歌いたければ歌えばいい。もっと自由なのにな、ということをその頃から感じていました。

混沌《こんとん》とした世界が見せてくれたもの

予備校は楽しかった。中三から美術系の予備校に通う人は珍しいからか、他の生徒や先生にもかわいがってもらいましたし、学科によってフロアが分かれていたのですが、私はまだ受験のプレッシャーもなくて、それぞれがおもしろそうだからと、いろんな学科を出入りするようになったんです。そこでいろんな先生たちや油絵、日本画、建築などのクラスの生徒たちとも仲よくなり、高校に入ると、何かとみんなで集まる会やイベントを企画したりして、しょっちゅう遊んでいました。

この頃は、単館系の映画館もたくさんあって、寺山修司の実験映画やアングラ映画、ポルノ映画、アート系の映画も普通に観《み》ることができた時代でした。美術系の予備校のせいか音楽をやっている人も多く、ライブハウスにもよく行きました。右を向けばボアダムスの大ファンの親友がいて、左を向けば丸尾末広が命より大事という友達がいる。ありとあらゆる雑誌と音楽と漫画と映画に触れながら、同時に、ミロのヴィーナスに象徴されるような西洋美術の美しさを勉強する。そういう混沌とした中に生きていて、何てこの世界はおもしろいんだろうと思っていました。

変わった友達も多かった。すごく仲がよかったのは「僕のことジミーって呼んで」と言って、いつもスカートをはいて、頭にシャワーキャップをかぶっていた男の子。彼はDNAの螺旋《らせん》の構造が好きで、どんな課題を出されても、必ずDNAに置きかえて答えることをモットーにしていました。みんなとにかくそれぞれ個性的で、すごく楽しかったのです。

でももうそこまで行くと、普通の高校生活に戻ることがなかなか難しい。高校は、中学から一貫のカトリックの女子校で、お昼のお弁当を食べる前にも後にも、必ずみんなでお祈りをし、廊下ですれ違うときの挨拶は「ごきげんよう」。そして、クリスチャンのシスターが担任の先生という学校でした。

だけど私は、やっぱりいろんな人たちをつなげるのがこの頃から好きだったようで、いつの間にか、予備校の友達と、通っていた目黒星美学園の高校の友達を混ぜて、一緒に集まるようになったんです。代ゼミが南新宿にあったから、午後の早い時間は代々木駅のそばのウェンディーズに入って、貸し切り状態でトランプをやったり、予備校の階段にずっと座って絵を描いたりしていました。

そんなことばかりをしていたので、学校の成績はどんどん落ちていって、美大受験に実技ではなく学科試験で全部落ちるというびっくりするようなことが起こりました。中三から四年間も予備校に通っていて、みんなには絶対に受かると言われていたのに。先生たちも驚き、しかも私自身は満点だと思い込んでいたので余計にびっくりしたんです。答えが合っているか間違っているかもわからないくらい勉強ができなくなっていたということです。そこで浪人決定だと思っていたら、結局、ビリ補欠で武蔵野美術短期大学に入りました。このことは第3章で書いた通りです。

関心を持つと変わることがある

とはいえ、この予備校で触れたものは多く、その経験は何ものにも代えがたいものでした。どんなことに出会っても傷ついたり困惑したりしない、あらゆる表現への免疫がこの時代についたからです。いま、そのときの予備校の先生にスヌーピーの仕事のデザインやベネッセコーポレーションの仕事のキャラクターをお願いしたり、他にも予備校で仲がよかった友達に、初めての私の博報堂でのMr.Childrenの仕事で、沖縄の防波堤に絵を描きに行くときに手伝ってもらったりするなど、いまでもいろいろな仕事でつながっています。

私の場合、一度つながった「ご縁」は長く続くことが多い。

普段からしょっちゅう食事をするなどというわかりやすい関係ではないのですが、大切なときに思い出すのです。いまはFacebookがあるので、普段会わなくてもネット上ではつながっていて、その人たちのいまの状況を知ることができて、そこに「いいね！」を送ることができます。しかし、私は昔から「生《なま》Facebook」と言えるようなことを行っていて、ずっとつながっている友達のことを何となく気にしていて、何かあれば「いいね！」と伝えてきた気がします。

私が一番嫌いなのは「無関心」です。無関心は最大の罪だと思います。二〇一三年の夏「いじめを考えるキャンペーン」として、ＮＨＫでポスターをつくらせてもらったことがあるのですが、そのコンセプトのひとつも「無関心」にしました。「いじめているわたし」

と「いじめられているわたし」と「いじめを見ているわたし」という三種類が自分の中にいる場合、やっぱり「いじめを見ているわたし」が一番悪い。「わたし」が無関心ではなく、行動して、誰かの力になれれば大きく変わることが必ずあるはずなのに、何もしないということが本当にイヤ。それは、幼少時代に自分がいじめられていた体験があるからかもしれません。透明人間のように存在を消していた私に初めて関心を示してくれたのが、小学校のとき、絵を描き込んだノートを見て声をかけてくれた先生でした。その先生のおかげで私は変わることができたからです。

予備校が楽しかったのも、何かを表現している人たち同士がお互いに関心を持ち合っていたからだと思います。描いている絵だけではなくて、その人の癖や好きな音楽などを持ち寄って、その人の生き方自体が表現の一部だということをお互いに認識している気がして、その世界はすごく健全に思えたんです。そこで私はさらに解き放たれることができた。私がつねに人に対して関心を持っていたいと思う理由は、何らかの行動や思いやりや関心を持ち合うことで、未来が良い方向に変わる可能性があることを、実感として知っているからです。

6

命の前にさらしても恥ずかしくないものを

生きていることを実感するために

二〇一一年三月、東日本大震災が起きました。そのときのことを書きたいと思います。

三月十一日は、前日からミュージシャンの坂本美雨さんのプロモーションビデオの撮影をやっていて、それが朝十時までかかりました。朝方、突然、机の上に置いていた瓶がポンッとはじけて割れたので「何かが起こりそうだね」なんてみんなで冗談を言っていたのです。その撮影が午前中に終わり、昼には家に帰って眠っていました。そんなときにあの地震が起きました。

私は家にいたので、電車が止まったことによる帰宅難民になることはなかったのですが、そのときのことを振り返ると、妙に冷静な自分がいたのです。サーフィンをはじめてから自然や海の動きをよく知る人たちとの出会いも多く、サーファーの人に「もうすぐ地震が来るかもしれない」と言われていて、心の準備ができていたからかもしれません。その三日前に軽い地震が来たときに、私はすでに防災用ヘルメットを買って社員に渡していました。

福島第一原子力発電所が建っていた海岸は、波が綺麗《きれい》なポイントで多くのサーファーが行く海でした。海から原子力発電所を毎日のように見ていたサーファーたちは、地震後すぐ「原発が危ない」と言っていました。それを耳にしていたので私も原発のことが気になっていました。すると、本当にそうなっていたのでショックすぎて妙に冷静になったのかもしれません。

そしてそのとき私は、動物的に「何かつくらなくては」と思ったのです。生命に危機を感じるとき、虫や動物たちは交尾などをして繁殖率が上がるといいますが、私はものをつくる方に意識が行っていました。実際、そのときの Twitter では「何かできないか」というようなつぶやきをしていたと思います。

周りの人たちも混乱していたからか、そんな私のつぶやきに反応して、「Pray for Japan のロゴをつくってほしい」とか「繁華街のネオンや看板の電気を止めてほしい」とか、いろんなお願いが一気に来たんです。私は Twitter のフォロワーも多かったから、私が「ネオンを止めてください」などと書き込むと、それが魔法みたいに伝わって、その後「あ、渋谷のネオンが消えました」という報告が入り、Twitterを通して実際にどんどんとみんなのお願いが実現していくという不思議な体験をしました（口絵Ⅵ）。

そのときしたことは、まずTwitter上に「idea for life」というハッシュタグをつくって、いま必要なものは何かを書き込んでいく拠点を置いたのです。するとそこに必要なものが書き込まれ、もう一方で「私は炊き出しに行きます」「僕は何をします」といろんな人が動きはじめて、そこが制作本部みたいな状況になっていきました。

私はそれを冷静に整理しながらも他にもいろいろな動きをしていました。「冷静に」とはいえ、体験したことのない大変なことが起きている中で、本当はどうしていいかわからなかったのも事実です。だから「生きていること」を確認したかった、実感したかったんだと思います。生きているからつくることができるし、生きているから人とつながってアイデアを形に起こすことができる。だから怖《こわ》さでぼーっと立ち止まるわけにはいかなかった。人にはいろんな役割があって、ある人は炊き出しに被災地に出向いたし、支援物資を集める人もいた。私は私でできることがあると思ったのです。

私は行動する人ではないのです。だから必要なものを持って混乱した被災地に向かうというダイレクトな動きはしませんでした。私は被災地以外の人たちに何ができるのかを考え、何かできるような動きをつくろうと思ったのです。及部《およべ》先生のワークショップの授業で学んだように、人間が持つエネルギーを動かす方に力を入れたのです。みんなが茫然《ぼうぜん》としているときに、茫然としないようにするための状況をつくっていったのです。

goen°が変わった日

十一日の大震災のニュースはすぐに全世界に伝わり、「Pray for Japan」という名のもと、Twitter上には日本のために世界中の人たちから祈りが届きはじめました。その中でフランスの日本料理レストランのオーナーからの「店で義援金を募集したいのですが、どなたか募金箱のデザインをしてくださる方はいらっしゃいませんか?」という提案が、友人のクリエイターたちを通して私に届きました。そのデザインをPDFファイルにしてネットに上げれば全世界でダウンロードして印刷し、いろいろな場所に置けるから、と。

私はすぐに取りかかり、十一日の夜には「Pray for Japan」のデザインを発表しました。

十一日の晩ですからその行動は異常に早かったとも言えます。逆に早いことが「冷酷だ」とか「不謹慎だ」と言われるくらいに。しかし同じとき私は「新聞日記」もはじめていて、いつでもどこでも絵が描けて、どんな状況でも何かやれと言われたら何かできるようになっていました。だから机に向かって、パソコンを起動しないと何もつくれないというわけではなかったのです。

そのときの私がやっていたことは実際に「形」としては残っていません。しかしこのときほどコミュニケーションの力を感じたことはありませんでした。広告だけではなくて様々なメディアやクリエイター、いろんな人たちが集まってきて、十二日の朝には自宅の近所のファミレスでミーティングを行いました。

その後、「idea for life」のサイトを立ち上げ、アイデアの置き場所としました。「Pray for Japan」の他、大規模停電で首都機能を失わないことが被災地のみなさんの援助につながると思い、家やお店、会社などに貼ってもらえるように「節電中です」というしるしや、支援物資を送る段ボールに貼れる仕分けシールのデザインをつくって、そのサイトからそれらをフリーダウンロードしてもらえるようにしたのです。

あの瞬間、本当にものすごく大きな動きが一気に起きました。あの日を境に、goen°のあり方がそれまでと百八十度ぐらい変わったと言っても言いすぎではないと思います。goen°が広告代理店ではなくなった瞬間でした。

バトンを渡すように

広告業界の人の中には批判する人もいました。「いま、目の前で人が死んでいるときに、アートディレクションやデザインなんか世の中の何の役にも立たない」というメールがある人から来たので、その人とは互いが納得するまでとことんやりとりをしました。その動きを取り上げたメディアでも『『節電中です』という森本千絵さんが作成したポスター』という言い方をしていたので、「これは『ポスター』ではなく『しるし』です」とはっきりと抗議しました。

大規模停電の中、灯《あか》りはつけないけれど開いているお店がある。ポスターはモノを売るためのものですが、私は、その店の入口の看板と同じようなものとしてつくっただけのことです。それは、ただ、「お店やってます」というぐらいの、あるいは「私、生きてます」という程度の「しるし」だったからです。

その後、興味深いことが起きました。「Pray for Japan」や「節電中です」を麻布十番商店街の会長さんが大量にコピーして、奥さんと一緒にヘルメットをかぶって商店街のお店一軒ずつに配っているというのです。その後、その紙にそれぞれのお店が好きに色を塗ったり模様をつけたりして商店街に貼っているというニュースがテレビで流れました。そこでは「麻布十番の商店街の中のデザイン事務所が活躍した」などと報道していて、「あれ、ウチは表参道にあるのだけどな」と驚きました。また、首都圏ではない高知県や福岡県にもコピーして貼ってあり、どんどん広がっていることを知りました。

人の力はすごいと思いました。モノクロのたった一枚の、コピーして十円ぐらいでつくれてしまうものが、こんなに広がるんだ、と驚きました。

「節電中です」は家の切り絵がデザインされているのですが、もともとクリスマスツリーやリースのためにつくっていたものでした。クリスマス用につくったということもあってか、何となく心があたたまるような切り絵で、その温度感もそのときにちょうどよかったのだと思います。そしてそれが「誰がつくったか」なんて顔は見えなくても、みんなが自分発信のようにしてどんどん拡散していく。首都圏で貼ってもらえるようにつくったものが地方にも貼られている。しかもネットの中だけでの拡散ではなく、物理的に手で触れるものが配られていった。このことは誰もが他人《ひと》ごとではなくて自分の想《おも》いで行動したということになるのではないかと思います。

当たり前のようにそこにあるデザイン

ああ、これが私がやりたかったことなんだと思いました。もちろんあのときはそんな感慨に浸るどころではなかったですし、不謹慎かもしれませんが、まだ広告が必要なんだなというか、こういう広告のあり方があるんだなというふうに思ったのです。

それまで広告というのは、電通や博報堂がメディアを買って、そこにはめ込んで、メディアという大きい物体からバズーカみたいにドンッと発していく感じがしていました。だけど独立前にMr.Childrenの「彩り」のプロモーションビデオをつくったとき、その歌詞に、何てことのない作業が世界を巡って出会ったことのない人の笑い声をつくる、というような内容があるように、人から人に伝わるということはバケツリレーみたいなものなんだなという考えになったんです。遠くにバズーカで大きく飛ばすよりも、隣の人を本気で感動させて、それが一人にでも伝われば、その人がまた伝えたいと思って次の隣の人に伝えるようになる。そうやって波紋のように伝わっていく。そういう想いで独立してgoen°をはじめて、いい出会いもたくさんあったし、新しい出会いのために講演や、友人知人を集めて月一回酒食会を開いたりと、いろんな機会を自分でもつくってきました。しかし、公にこれほど必要とされる形でバトンが渡っていると感じたのはこのときが初めてでした。

あのときつくったものは、「作品」ではないので私の代表作には入れないし、取り立ててその話も普段はしません。しかし、「はじまり」を感じた瞬間だったことには間違いありません。たとえば、クリップやハサミは最初誰かがつくったものだけれど、当たり前になりすぎて誰がつくったのかわからない。そうやって誰がつくったかわからなくなるものをつくることってていいなと思いました。つくり手は気配を消すということが大事なのだと思いました。実際、あれらの「しるし」は、私自身も私がつくったという気はしていません。

いま、生きている命のためにメディアは何をすべきか

震災の一週間後、北九州の到津《いとうづ》の森公園でプレゼンの予定がありました。動物園の企画書には地震被害や原発事故で大変なときだからこそ、人間も自然の一部であるということを意識しなければならないと熱く書いた覚えがあります。

しかし、実際福岡に行くと、東京との温度差の大きさにびっくりしました。東京の人たちは放射能への懸念も強く、マスクをしている人が多かったのに、福岡では誰もマスクをしていないし、市街地も相変わらずにぎやかだった。「たった一週間後なのにこれでいい

のだろうか？」と一瞬戸惑ったのですが、しばらくしたら、福岡や大阪は元気な方がいいなと思いはじめてきました。東京の街は暗くて、人はまだ混乱の中にいて、コンビニやスーパーからも水や食べ物がなくなっており、ちょっとしたパニック状態が続いていました。人はネットで情報を集め、頭だけで考えて動けなくなっている。そんな東京よりも、ちょっと西に離れた街はエネルギーを生んでいった方がいいと思ったのです。

動物園に着いて最初に目にしたのは、いきなり象のサリーとランがうんこをしているところでした。地震や原発でみんな大変で、もう何を言っても不謹慎みたいなときに、サリーとランはめちゃくちゃ大きなうんこをしてる。それを見たら、当たり前だけれど、あ、そうだな、と思ったんです。普通に人は笑っていて、普通に動物は排泄《はいせつ》している。それを目の当たりにして、さらに平常心を取り戻しました。震災直後から妙に冷静だったからすぐに動けたとはいえ、その後、被害の大きさが明らかになってきて一番落ち込みそうな時期に、東京から離れた福岡の動物園でプレゼンが予定されていたのは、精神的な状態としてはとても幸運だったと思っています。

実は震災の次の日、三月十二日は、サントリーコーヒー「ボス シルキーブラック」のCM撮影の予定でしたが、それも震災の影響でなくなってしまっていました。私が九州に行っているとき、そのクリエイティブディレクターの佐々木宏さんから電話が入りました。「撮影は中止になったけれど一緒に何かできないか」という電話でした。震災があってから、日本のテレビからは企業のＣＭが消え、その代わりにＡＣジャパンのＣＭばかりが流れていました。そのような中、サントリーができることをやりたい。しかも、サントリーの契約タレントは全員参加できる、とのこと。それで「シルキーブラックのＣＭについてはまた後日別の案を考えます」と伝え、もうひとつの企画をすぐに考えました。それが、「上を向いて歩こう」と「見上げてごらん夜の星を」を総勢七十一名の出演者たちが歌い継ぐ「歌のリレー」でした（口絵Ⅶ）。

なるべく早く放映したいという想いもあり、徹夜してコンテを書き上げ、動物園から戻ってすぐ撮影をはじめ、そこから編集室に入って一人で全部編集して、四月六日には放映をスタートさせました。

いま見るとみんなで歌い継いだりして、少し照れくさい感じもありますが、早い段階であれを行えたことはすごく良かったと思っています。

というのも、震災直後というのは音楽が止まっていた時期でした。自粛ムードと、大きな公演は電気を多く使うからという理由でライブの多くが中止になっていました。しかし、私はこのようなときだからといって、急にそうなるのはおかしいと思っていたのです。

自然と共存しながら、人間は心地よく生きることができる

私自身は、二〇〇五年くらいから音楽プロデューサーの小林武史さんと、Mr.Childrenの櫻井和寿さんが中心となり立ち上げた「ap bank」の仕事を通して、電気のこと、エネルギーのことを勉強していました。そして、原子力発電の危うさ、自然エネルギーの大切さも伝えてきました。人間が生きるということは、自然からいろいろなものをお借りしているだけ。人間は自然と共存しながら、その上で自分たちが心地よく生きようとしている。本当においしいものを食べるためには土を良くしたいし、感受性を豊かにしていくためにもいい音楽を聴きたいと思っている。だからこういう事態のときほど、いい音楽やいい映画は必要なはずなのです。

しかし世の中は、不謹慎だからライブは中止だとか、テレビCMの代わりにACジャパンの映像を流しておこうとか、こんな番組は流せない、こんな映画はこういうシーンがあるから流せないと、急にみんなが神経を尖《とが》らせていました。そんなときに流せないようなものを普段つくっているのだということ、そしてそんなものをみんな普段見ているのだと

いうこと。それが本当にイヤでした。そして、いい音楽までも電気を使っているから流せないというのが本当に格好悪いと思ったし、いま、残されて生きている命に対して本当にそれでいいのか、という疑問もありました。

私も、周りの人たちも含めて、どんなときに見ても、どんなときに聴いてもいいものをつくってきたつもりです。そういうものをつくりたいという意識をいつも持っていたからこそ、冷静にサントリーの「歌のリレー」がつくれたのです。

どんな時代にも響く「いいもの」を

福岡に行ったとき、福岡アジア美術館の「山下清展」にたまたま足を運んだのも力になりました。山下清さんは旅を続けながら絵を描いていた画家ですが、戦争が嫌いで、兵士になるのがイヤだから徴兵されると家出して日本中を放浪し、そのたびに連れ戻されていたそうです。実際に観《み》た山下清さんの絵画や貼り絵は、画力や構成力も本当に素晴らしくて、他の誰にも真似《まね》できない圧倒的なオリジナリティがありました。

展覧会には絵と一緒に様々な記事や言葉なども展示されていたのですが、そこに山下清さんが岡本太郎さんと対談している記事がありました。その二人の言葉がまた素晴らしかったのです。その時代、明日死ぬかもしれないという戦争を体験している中で、陰で文句を言うのではなく真正面から「命は尊いものだ」と伝えた人たちです。そういう想いのもと、「自分は作品をつくり続けるのだ」という意志が、その会話からはひしひしと伝わってきました。震災後、あらゆるものが自粛される中、それでも素晴らしい作家の絵や言葉はちゃんと私を感動させ、勇気づけてくれたのです。

振り返ると、自分が「HAPPY NEWS」でやってきたことも、NHK連続テレビ小説『てっぱん』のオープニングをダンスでつなげていく形でつくっていたのも、震災前からの仕事であり、「つながりが大事だ」ということを主張したくてつくったのではありません。子どもの頃からずっとやってきたことだったのです。どんな時代でも、たとえどんな事態になっても、逆にビルがバンバン建つような浮かれた時代になっても、人がつながるいいものをつくり続けるしかないとあらためて胸に誓いました。

いま、震災から年数が経《た》ち、その頃の感覚は忘れられてしまっているように思います。あのとき、「こうしよう」「こういうのは素晴らしい」という、その基準はすごくいいものだったと思います。ラジオから流れるフランク・シナトラの歌、子守唄の素晴らしさ、深夜に流す映画の内容もテレビ局は考えていたと思います。でもわずか四年あまりでまたあのときだったらつくっていないものを、あちこちで見かけることが残念でたまりません。

喜怒哀楽の感覚は「細胞」に残る

こんな話があります。テレビで犯罪者を追いかけている番組があるとします。そして犯罪者の顔が画面に映ると、見る人は自分も犯罪ができるかもしれないという気になってくるのだそうです。繰り返し、犯人の狂気に満ちた顔を見ることで、身体《からだ》の中の細胞に何かが残ってしまうのです。こんな犯罪があったということを伝えるだけで、犯罪を推進してしまう。報道は大切だと思いますが、犯人が捕まったのであれば、その事実を伝えるだけでよくて、詳細を執拗《しつよう》に繰り返す必要はないと思うのです。

地震のときも繰り返し津波の映像が流されていました。多くの人の安否がわからない時期でしたから、地震後の数日はみんな家にこもって、情報を知りたい思いでテレビを見ていた人も多かったと思います。しかしどの局も同じように津波の映像を繰り返していたため、子どもが落ち着きがなくなってしまったり、鬱っぽくなったりしたという事実がありました。私のTwitterにも、「すべての局で報道を流すのではなく、一部の局は子ども向けのアニメを流してくれませんか」とか、「CMもACのものばかりじゃなくて、一刻も早く見てほっとできる、この事実を乗り越えられるような映像を流してくれませんか」というお願いが多くありました。そういうこともあって、サントリーの「歌のリレー」をいち早く動かしたいと思ったのです。

怖《こわ》いと思った瞬間の視覚的なものや音は、怖いという感情がなくなっても、細胞の奥の方にその怖いという意識が残るそうです。目で見るもの、手で触るものというのは確実に身体の中に入っていく。そう考えると、メディアというのは、良くも悪くも人を精神的に追い詰める力があるということ。だからイヤな思いがずっと細胞に残るような仕事は、いくら格好よくても、それがいくらアートといわれても、私はやらないと決めたんです。本当にいいものをつくり続けよう、と。

「おばあちゃん」というファンタジー

「何が本当にいいものなのか」と考えたとき、私は「おばあちゃん」というキーワードを思い出します。というのは、懇意にしていただいている宇宙物理学者の佐治晴夫先生に、以前、「おばあちゃんという存在はファンタジーだ。おばあちゃんが地球を救う」ということを言われたことがあるからです。

動物の雌は出産時期を過ぎると、生物学上、雄になるそうです。だけど、人間の場合、女は生理が終わって身体としては男と変わらない状態になっても「女」であり続けます。どういうことかと言うと、女の人は死ぬまで自分が女であると思っているからなんです。女は女として生き、優しく、時に強く、何か伝えようと人生を全うする。動物園の園長に訊《き》いたら、人間に一番近いチンパンジーでもおばあちゃんという存在はなくて、みんなおじいちゃんになるそうです。人間だけにおばあちゃんという存在がある。では何がそれをつくるかといったら、周りがそう決めるし、自分の意識が、自分がおばあちゃんであるということを決めるんだということです。

周りが自分をつくって、自分が自分をつくることができる。それは人間だけが持っている能力なんだそうです。そのことを佐治先生に伺ったとき、「おばあちゃん」というのは、とてもおもしろい存在で、とても素敵だなと思いました。

私たちはあの地震で、あまりに強い自然の力の怖さに打ち震えました。自分も一度波に溺れかけたことがあるから、津波の恐ろしさがどれだけのものか少なからず想像できます。自然の強大さ、そしてそこで失われたたくさんの命。もう何もかもが悲しいことばかりでしたが、そういうときの「ものをつくる立ち位置」はどこかと考えたら、おばあちゃんという存在や、泣きじゃくる子どもを穏やかな気持ちにする子守唄や、命を生み出す女性の子宮ではないかと思うようになったのです。

おばあちゃん自体がファンタジーだから、おばあちゃんの立ち位置でものづくりをするということは、すでに人間が一個のファンタジーを認めているということ。意識すれば、思い描けば、本当になる。その立ち位置でアイデアを出せればいいなと思ったんです。

佐治先生に宇宙の音を聴かせてもらったことがあるのですが、フーッフーッというそのリズムやスピードは、母体の中にいる胎児の心拍のリズムと連動していて、子どもを生むまでの周期も地球が生まれるまでと数式としては周期が重なるそうです。一人の命を生むことは、お母さんが地球を生んでいるみたいなもの。命を生むということはそんじょそこらのことではないんです。人はすぐにもっともっとすごいものを求めていきますが、それを考えると、「おばあちゃん」をはじめ、私たちが当たり前に思っていることこそがどれほどすごいことなのかということに気づきます。

もっと「不思議」を

佐治先生には、宇宙という大きなご縁を教えてもらっているように思います。私が信じているファンタジーや宇宙の真理を、先生はすべて数式にして、科学的に読み解いてくれる人です。だから佐治先生と出会ったことで私は、自分の中で悶々《もんもん》と思い描いていたことにひとつひとつ整理をつけることができました。

佐治先生から聞いたこんな話があります。先日、宮沢りえさんと佐治先生とのトークショーをお願いしたのですが、その日、雨が降っていて、トークショー後、一緒にエレベーターで下に降りているときに、佐治先生はこう言ったんです。

「今日、降っている雨は、七十年前に流された涙です」

土に降り注いだ雨は土にしみ込んでいって、再び蒸発して雨になるまでに七十年かかるそうです。「だから、今日流した涙は、七十年後降る雨の中に混じっているんです」と先生は言うのです。

自然のサイクルとして科学的に証明されていることだとしても、そこに「涙」というストーリーを入れることで、その当たり前のことがロマンチックに思えてきます。同じことを伝えるにも、ロマンチックであることはすごく素敵なことだなと思いました。そのことに当てはめると、赤ちゃんが生まれて、おぎゃあ、おぎゃあと泣いて流したその涙は、その子が七十歳のおばあさんになったときに降る雨となります。私の祖母が死んでまだ七十年は経ってはいませんが、何十年後か、もうこの世にいない人の涙が今日の雨として降っているかと思うと、何てすごいことなのだろうと、どんどん想像力が広がっていく。

言い方ひとつ、表現の仕方ひとつで、普通のことが尊く思えてくる。それは、商品を売るときの広告の考え方にも重なります。佐治先生からはいつもそこを学ばされるんです。

訊けば、八十歳になってもなお、佐治先生にはまだまだ不思議に思っていることがたくさんあるそうです。その宮沢りえさんとのトークショーのとき、宮沢さんが「何でですか?」「なぜですか?」と先生に何度も質問していたのですが、佐治先生は「君はすごく何でも不思議に思いますね。不思議に思うことはいいことなんですよ」と言っていました。

「不思議に思うからストーリーは生まれるんです。人がいろんなことを不思議に思わなくなったら、ストーリーは生まれない」と。

なるほどと納得しました。子どもたちはいろんなことを不思議に思っているから、たくさんのストーリーに溢《あふ》れている。私もまだまだ、何事もわかったつもりになって生きないようにしよう、もっともっと不思議がろう、その方が絶対におもしろいなと思いました。

自分で作品を抱えないから軽やかでいられる

人との出会いによって教わることはたくさんあります。画家の黒田征太郎さんのことを書きたいと思います。

黒田さんとは二〇一一年の夏、雑誌『SWITCH』（スイッチ・パブリッシング）の企画でニュージーランドに行ったことがきっかけで出会いました。黒田さんはニュージーランドの南島へ、私は北島へとそれぞれ旅をし、その旅を通して出会った自然やそこに住む人々、そこで感じた想いなどを別々に絵に描いていったのです。日本に帰ってきた後、それぞれの作品を見ながらのトークショーとなり、そこで私は初めて黒田さんにお会いしました。

ニュージーランドの旅の最中だけでなく、黒田さんはいつでもどこでもずっと絵を描いている人です。黒田さんに出会って初めて、自分は本当は絵が好きじゃないんじゃないかと疑問を抱きました。これまでずっと絵を描くことが好きだと思っていたのに、黒田さんの絵を描く姿を知った瞬間、私はさほど絵が好きではないのかもしれないと気づかされた。それはすごく衝撃的なことでした。

黒田さんを見ていて気づいたのは、私は目的を持って絵を描きたい人なんだということです。ああ、私は純粋な絵描きではないんだということをしっかりと認識することができました。この違いが早めにわかって良かったと思っています。このまま引きずっていたら後で痛い目に遭っていたでしょうが、早い段階で黒田さんに教えてもらったことで、自分の立ち位置がよくわかりました。

また、黒田さんに教えられたことのひとつが、自分でいろんなものを抱えるのをやめた方がいいということです。黒田さんは思うままにあらゆるところで絵を描いては、その絵を、あっけなく人にあげてしまいます。どんどん描いては親しい人に勝手に絵を郵送するんです。goen°にも一日数枚ずつ絵はがきが届きます。しかも人によってその送られる絵のテーマは違っていて、小倉のすし屋さんには「魚」というテーマから発想される絵が送られ、雑誌『coyote』（スイッチ・パブリッシング）の編集長には「コヨーテ」の絵が送られ、私には、北九州の動物園でのプロジェクトを一緒にやったことがあるのと、私がザブという犬を飼っているということもあり、ありとあらゆる動物の絵がひたすら送られてきます。そうやって全国各地のいろいろな人のもとに黒田さんの絵が送られていると思うのです。

もちろんもらった人はその絵を捨てることなどできません。いい絵だし、嬉《うれ》しいという気持ちとともにその人の家には黒田さんの絵がストックされていきます。私も最初はＡ４くらいの箱に入れていたのですが、それでは入りきらなくなり、いまでは段ボールに入れ替えてストックしています。つまり、黒田さんには外づけハードディスクがあるというか、自分の外に倉庫、美術館があるんです。しかもそれぞれフォルダ分けができている。

作品を自分で抱えてしまうと、重くなって、新しいアイデアが出てこなくなります。しかし外づけハードディスクにすれば、自分はずっと軽やかに、したいことをし続けることができる。

しかもその絵をもらった人は、都合のいいことに、清い思い出とともに黒田さんのことを語り、広げてくれるんです。私は黒田さんのことを「絵を描く寅さん」だと思っています。寅さんも裸の大将もそうですが、いい旅人というのは、残された人たち、通り過ぎた周りの人たちが、その旅人の印象やストーリーを勝手につくり上げてくれる。だけどおそらく黒田さん自身は、絵を描きたいだけで、描いているときだけが楽しくて、うまく描けたとか、それを溜《た》めて本にしようとか、作品にして売っていこうとか何にも考えていないだろうと思います。しょうぶ学園の人が、ただ刺繍《ししゅう》しているのと同じように、黒田さんは純粋にただ絵を描いているだけ。黒田さんはそういう本当の意味での旅人。そういう意味で、これほど身勝手で、これほど自由で魅力的な人はそういない。だから私自身、すごく落ち込んだり、いろんなものに捕らわれてしまっているとき、すごく黒田さんに会いたくなるし、黒田さんに出会ってからの私は、もっともっと身軽に、もっともっと自由でいようと思うようになりました。

点がつながり、円になる

佐治先生や黒田さん、また、ドラマーの中村達也さんやダンスカンパニーコンドルズの近藤良平さんなど、いろんな素敵な人に出会うことで私のご縁はつながっていっています。そしてどの人にも共通するのは、彼らはただ人間の身体を借りているだけで、エネルギーや魂で必死に生きている人たちだということです。だから、身体自体は明日なくなったとしても、その内側からみなぎってくる力のようなものがある。だからこそ強烈に響いてくるし、彼らと出会うことが、ダイレクトに自分の生き方にも影響するのだと思います。

つまり彼らは自然界の神様みたいな人たちなのです。土の神様、水の神様、風の神様、それぞれ性質は違いますが、自然の一部、風と契約しているとか、火と契約しているとか、そういう人たち。だからそれぞれに強烈で、だからこそ、私はそういう人たちが本当に好きなんです。

彼らは大衆的に消費される方には降りてきません。だから私は、「彼らと出会って感動したことを、彼らが本当はもっと伝えたいと思っていることを、共感しながらも消費しないものにして多くの人に伝えなければならない」と勝手にそれを自分の使命だと思っているのです。自然界と人間界をつなぐのは私の役割だと。

coen。で子どもたちとのワークショップや、動物園での仕事もしていますが、まさしく「子ども」や「動物」もそうです。ちょっと変わった生き物たち、見た目や発言ではなくて、もっと内側のごろっとした魂を持つ生き物たち、彼らから響いてくる素敵な魂を、私たちが生きていく上でいま必要だと思うものを、翻訳して伝えたいと思う。そういうものを自分の身体を通してつくれないかなといつも思っています。

人と出会っていくということは、やっぱりすごくおもしろいことです。

たとえば、黒田さんは達也さんと親交が深く、黒田さんからはよく達也さんの話を聞いていて、今度紹介するといつも言われていました。そうしたら昨年、黒田さんがいないところで達也さんと出会う機会がありました。また、佐治先生は放送作家の倉本美津留さんから紹介していただいたのですが、そうやって誰かが誰かに影響されています。みんな左右に誰か深い関わりの人がいるんです。誰かとつながると、その左右ともつながりはじめる。そのうち、円卓に座っている感じになって、どこがスタートでどこがゴールなのかわからなくなる。「正面はどこの席ですか？」という感じです。もしかしたら黒田さんより先に達也さんに会っていたのではないかと思ってしまう。はじまりが何で、終わりが何かはどうでもいい。そうやって点をつないでいくと、円になる。出会っていくからこそ、できる形が円なのです。

出会いが答えを与え続けてくれる

どんな仕事もそうだと思うのですが、あることを考えているそのときに、その人やものに関わる仕事に出会うということがよくあります。そういうときは自分の考え方は間違っていない、これでいいんだと人生の答えのひとつを目に見えない大きな力が認めてくれているような気がします。

松任谷由実さんとの出会いもそうでした。ある日、NHKで働いている大学時代の友人から連絡が来ました。「ユーミンさんが司会を務める新しい番組があって、森本に出演してほしいというので電話した」というのです。嘘《うそ》みたいな話ですが、私はそのとき、車の中でちょうどユーミンさんの「守ってあげたい」を聴いていて、そのときにその電話が入ったので、こんなおもしろい偶然があるんだと思って噴き出してしまいました。後で詳しく話を聞くと、ユーミンさんの番組の第一回のゲストとして、一緒に高野山に行ってほしいというのです。

そもそもなぜそのときユーミンさんを車で聴いていたのかというと、その少し前、ゆずの北川悠仁くんの結婚式に出席したのですが、その結婚式でユーミンさんが主賓席に座っていらして、そこで「守ってあげたい」を歌ったのを聴いたからです。そのとき、ユーミンさんは喉を痛めていたらしく思うように声が出ていませんでした。だけど、痛みの中で、ボロボロと泣きながら「守ってあげたい」を熱唱したんです。ずっと歌い続けてきた人のすごさを見たと思いました。声が出なくても歌うというその姿とその歌にみんな感動し、私もまた、大きな勇気をもらいました。

その後、その番組の収録でユーミンさんがgoen°にも来てくれて、高野山への道中も含め、いろいろな話をさせていただきました。ユーミンさんは人間の本質や根っこの部分、表現者として道を進むときに大切な心とは何かをいかなるときもしっかりと見つめている人でした。ユーミンさんに初めて会ったとき、言われた言葉があります。「女には貫禄《かんろく》はいらない」というものです。女性としてのしなやかさを決して失うことなく、それでいて命がけで闘っている人のこの言葉を、私は日々仕事をしながらよく思い出すのです。

その番組以降プライベートでも何度もお会いする機会をいただき、あるとき、一緒に食事をしているときにこうおっしゃったんです。

アイデアを出しすぎてしまって、新しいものがなくて苦しい。新しい歌をつくり続けるのは本当に大変だ、と。

私の中ではもう伝説みたいな人が、生《なま》の女として、つくり手として、もがいている姿に、ああ、何てすごいんだろうと思ったのです。そしてどんなにキャリアを重ねても、純粋にいい作品ができたときは本当に嬉しいとおっしゃった。当たり前だけれど、そういうユーミンさんの姿に、私自身、一人の女として、これからもものをつくり続けていく者として、力をもらえたような気がしました。

そのときにユーミンさんから「懐かしい未来」という言葉を聞きました。

「これから新しいものをつくるには、根っこにある、過去の中から新しいものを探すしかない」と。

私もまた、毎回いろいろな仕事を手がけながら、いつも初めてのことをやっているようで、どこか懐かしい本来の場所に戻ろうとしているような気がしていました。だからその言葉を聞いたとき、ああ、と深く納得したのです。

過去の中に見つける新しさ

ユーミンさんと私は育ち方がよく似ていました。カトリック系の女子校で中高を過ごし、美大卒。第5章でも書きましたが、クリスチャン系の学校は、歌と絵を重視するため、毎回宗教の時間には「今日はマリアの日だからお歌を歌いましょう」とみんなで歌を歌うし、「クリスマスだからカレンダーをつくりましょう」とみんなで絵を描く。生きていく上で、何かに感謝する、喜びをたたえる、悲しみを乗り越える、そういうとき必ず歌と絵がそばにあるんです。それを私たちはお互い、幼少期から体験していました。

そうでありながら、どこかで女子校でクリスチャンというお嬢様的なものに対して反発し、ロック的な強いもの、強いエネルギーに惹《ひ》かれ、美大に進学したというところも似ています。その後ユーミンさんは音楽の方に、私は絵の方に行きましたが、優しくも強いマリアのように、強いメッセージをわかりやすく、メジャーのシーンで広く届けたいという共通したミッションを持っているような気がします。

思えば、聖書も聖歌も決して綺麗ごとではないのです。旧約聖書の第四章ではアダムとイヴの息子である兄弟が出てきますが、神様の愛情を取り合い、その嫉妬が原因で兄が弟を殺す話が書かれています。小学校一、二年のときにそれを読むのですが、やはり子どもですから「弟を殺しちゃうんだ！　えーっ！」って胸がドキドキするんです。その後、兄は追放されます。そのときも「神様、そんなことするんだ！　えーっ！」と思いました。そこに描かれている絵も結構怖い。旧約聖書は完全なファンタジーなんです。モーセが海を割ったり、ノアの方舟《はこぶね》が出てきたり、子どもも楽しめる壮大なストーリー。そこに歌があって、絵があるんです。

だから、物語をつくることや、その物語の中に何らかのメッセージを託して広げること、そこに歌と絵があることで人の心を動かすには絶対的なものになるということが自分の表現のベースにあることに、私はユーミンさんと出会ってあらためて気づきました。ユーミンさんはもう完全にそれを自覚していて、その上で表現し続けていたのです。

このときでなければつくれない世界がある

二〇一三年にリリースされた松任谷由実さんのアルバム『POP CLASSICO』のアート

ワークは、お互い同じようなルーツを持つとわかり合った上で一緒につくったものです。最初に伺ったのは、『POP CLASSICO』の言葉にコンセプトのすべてがあるので、「POP」と「CLASSICO」という一見真逆の言葉から考えていきましょうということでした。しかも「シンプルだけど、見れば見るほどわからなくなる世界観をお願いします」と言われました。

そのとき、文字だけでデザインしようと決め、旧約聖書をもう一回開き、聖書にあるパーツを全部つなげていったのです。そうすると、聖書の古い飾りが、クラゲや深海の生き物たちと似ているというか、そこの造形からきているんだということに気づきました。すると、いろんなことがおもしろくなってきました。聖書の世界の不思議さ、聖書の世界にあるひとつの物語が、ひとつひとつの文字に込められて、「POP CLASSICO」の「P」からはじまる物語が飾り文字としてつながっていくように思え、そういう形のものをやるべきなんだろうなと思いました。

テーマは深海を舞台に、精子と卵子が出会い、受精、着床を経て胎児がこの世に生まれてくるまでの神秘の物語を、様々な海の生物を配した文字に託してつくっていきました。だから、プレゼンの冊子は、コラージュを多用しながらもすべて手描きのスケッチと私自身の言葉で綴《つづ》っています。それを総合プロデューサーの松任谷正隆さんが一個一個の文字の中にある物語のディテールを詰めてくれて、そこからもう一度デザイン案をつくり直し、最終的につくり込んでいったのです。CDジャケットは、その原画をもとに二〜三メートル大の立体をつくって、撮影しています。

このアートワークで、ジャケットだけでなくプロモーションビデオもつくりましたが、太古から脈々と続く生命誕生の奇跡という、実は私たちの誰もがくぐりぬけてきた宇宙の旅を表現しているんです。

これも三・一一のときに思ったことと、「懐かしい未来」という過去の中に新しさを探すこと、すべてがつながってできたものだと思います。同時に二〇一三年という年は「組曲」からはじまって、新垣結衣さんのキヤノン「EOS M2」のCMも、そしてその後の三谷幸喜さんの舞台『声』の美術も、自らすべてスケッチでとことん絵を描くことからスタートさせました。ここで一回、森本千絵の名前の中に入っている「絵」を大切にしようと思ったのです。

だからこそ、『POP CLASSICO』ができたのだと思っています。実はずっと前にレコード会社からジャケットのオファーをいただいたことがあったのですが、そのときはユーミンさんは私のことを知らなかったし、ちょうどMr.Childrenのジャケットをやっていた頃で、そのときには実現しなかった。しかしそのときだったらここまでの絵は描けていないと思うので、やはりタイミングというのは大切だと思います。

なぜ、世の中にヒーローやアイドルが必要なのか

私にとっては本物こそがヒーローです。本物というのは「圧倒的なもの」。しかもその圧倒的な本物は、即席でできるわけはなく、環境や時間がつくっていくものでもあると思います。

たとえば先日、私はクリスチャンではありますが、お不動さんでお経をあげる機会がありました。そのときも考えたんです。「圧倒的なものって何だろう」と。

神社やお寺、教会も人がいなければ単なる建築物でしかありません。しかし、人がその建物の中で毎回お願いごとをしたり、信心深い気持ちになったりしている場所だから、念が溜まって神聖な場所になる。東京タワーや太陽の塔なども、時を経て、多くの人に見られていることで象徴となっているのだと思います。

それと同じことで、自分がどんなにものをつくっても、いつの時代にどう見られるかで、

作品の価値は変わっていくとも思います。長くいろんな人の想いや願いごとが入っていって、誰かの手に渡っていったら、おのずと本物になっていく。だからこそ、そのためにも、つくり手である私たちは、初めから本当の気持ちでものをつくるべきなんです。そういうものに、人は集い、願いをかけるのだから。

『ウルトラマン』でも『鉄腕アトム』でもいいのですが、人々が「きっとアトムなら何とかしてくれる」「ドラえもんがいれば未来はこうしてくれる」と思える、そういうヒーローを作者が本気でつくり上げています。だから信じたくなるし、その「もの、事柄、人」というのは、別にそれが正解かどうか、本当にいるかいないかは関係なく、みんなが願いをかけることでパワーを持っていきます。そういうものを「ヒーロー」と仮に言うのであれば、教会や神社もヒーローだし、そうやって願いたくなる対象、何かを発して、みんなが寄ってくるようなものはみんなそうでしょう。そして、絶対的なヒーロー、圧倒的なアイドル、みんなが願いたくなるような夢、は、やはりどんな時代にも必要です。

逆に言うと、念をかけられたり、信じられたり、尊敬されたりしないと、圧倒的にはならない。

いまは、なかなか圧倒的な人との出会いはないかもしれません。誰もが夢を見て誰でもアイドルになれる。それもいいと思うのですが、昭和のアイドルには圧倒的な魅力があったし、歌謡曲を手がける作詞家たちも作詞家としてのプライドがあった。「みんなができる」「みんなでつくる喜びがある」というのもいい時代だし、私もワークショップを通して誰もが参加できることの素晴らしさを感じていますが、それとは別に、右に出る者がいないような絶対に真似できない圧倒的な象徴はやっぱりいてほしい。

教育も平均化されてしまって、圧倒的なものが出てきづらくなったとも言えると思います。そういう時代だからこそ圧倒的な人たちの出現が期待されているのだと思います。そして、私はそういう圧倒的な人たちと出会うことができている。その本物たちのすごさや、その人たちがどんなふうにすごいかを、その間に入って、もっともっと伝えていきたいと思うのです。

明日、死ぬかもしれないという覚悟で

goen°は二〇一五年で九年目を迎えました。会社を続けていくと大変なこともあります。いま、新しいデザイナーが二人入ってきていますが、新人だからといって何も教えることはありません。なぜなら、毎回初めてのことをやっているので引き継ぎができないから

です。同じことをルーティンで、毎回同じやり方で森本フォントみたいな決まったものがあって、本の装丁をやっているというのならラクかもしれません。しかし、いつどこで入っても、毎回同じことは絶対行ってはいないし、私という本体自らも変化し続けています。といっても私自身、根っから揺るがず、ずっと博報堂時代から同じ意味合いのことを言い続けていることもあれば、やっていることや状況も含め、ガラリと変わったことを言っていることもあります。

自分でもどうなっていくかわからない。しかし、変わることを恐れずに、やはりそこにいい波が来たら、いつでも乗れる自分でありたいと思っています。

何度も同じことを言うようですが、本当にいいものをつくりたい、その一心なんです。明日自分が病気になって、死ぬかもしれなくても、明日大切な人が死んだとしても、そのときに、見せるのを少しでも躊躇《ちゅうちょ》するようなものはつくっていたくない。命の前にさらしても決して恥ずかしくないものでなければ絶対にイヤです。

そういう志は、お金が絡んだ仕事になった瞬間、何かが消え失《う》せて、くすむし、見失いそうになることもあるかもしれません。しかし、明日死ぬかもしれないぐらいの覚悟で、絶対に身体と心にいいものを、当たり前に素晴らしいと思えるものをつくりたい。このことが揺るがなければ大丈夫だと信じています。

考えてみてください。白い紙があって、白い紙に描いたものが形になる。形にしなければならない仕事をしているときに、どんなにそれが大変で、泣きながら苦しんでのたうち回ったとしても、その描いたものが形になったとき、それを通して、いままで会ったことのない人と出会えるのです。そして、この絵を描いたのは、会ったことのない誰かと、まるで会うことをもともと運命づけられていたからではないかという錯覚に陥るほどの、そんな出会いが実際にたくさんあるのです。

沖縄の防波堤の姉妹が「何かをするときは、描きたい、伝えたいと思うまでの過程が大切なのかもしれない」と言ったように、そうやって想いを伝えて動いていく中で、金沢のおばあちゃんが言ってくれたように「ご縁」が生まれます。逆に言えば、この「ご縁」に出会うために、その過程があったのではないかと思えるのです。

きっかけは仕事であっても、自分が白い紙に絵を描いたことがその先に出会いを生んで、結果的に、もう一度、自分の人生に大切な形で返ってくる。だから白い紙を前に筆を持つとき、私はいつもドキドキします。いまから描くものは、現実に起こることだと思うからです。もう、その絵を描く行為そのものがご縁のはじまりだからです。

見たい夢が、いつも私をその先に

この本を書くことを通して、自分のやってきたことを振り返ってみると、いろいろな形で私は「未来を描くことで現実が生まれる」ということを行ってきているのだと思いました。そしてその未来をより良くするために、思い描く人間の根本、根っこの部分を変えていこうとしているのだな、と。

SF映画などで、その当時は空想で描かれたものがいま現実化していることは多々あるのではないでしょうか。ロケットや携帯電話などはそうかもしれません。それは作家や監督にこんなものがあったらいいなという想像があったから、後から技術がついてきているのです。まず最初に物語をつくる人がいないと未来は変わっていかないんです。

私が描く絵はいつも、ただ描いて満足するというものではありません。みんなと一緒に見たい夢、プラス○・五歩先の行きたい世界を描いています。

だから苦しみながら描いた絵は、いつか自分を引っ張っていってほしい手綱であり、いつか自分が行くべき場所への地図なんです。自分がまだ行けていないところ、できていないことを先に絵で形にして、引っ張ってもらっている。そんな気がしています。だから自分のいま目の前にある世界も、手に入らないようなワンダーランドも描いてはいません。もし素敵な絵を描いていると思われているのだとしても、そこに描かれたような素敵な世界を見てきたから描けるのではないのです。行きたいと願うから描けるのです。

私はこの本の第1章で書きました。二択あったら私は明るい方を選ぶ、と。

私はよくハッピーなものや優しい色を使っているから、ハッピーで優しい人なのだろうと思われますが、本当に明るかったら明るいものはつくれていません。コンプレックスだらけで、一人では立てない人間で、自分の中に邪悪で暗いネガティブな部分もあり、明るい方に行きたいと誰よりも私自身が望んでいるから、明るいものをつくり続けているんです。いつも、その先に、夢を描くために。

おわりのことば

メインストリームの中で表現し続ける

私は二〇一四年の七月、結婚式を行いました（口絵X）。結婚式の準備に本気で力を入れていたので、ふと考えると、四か月間ぐらい他の仕事はあまりしていないことに気づきました。映像の演出に関しては一切していない。我に返って驚いたほどです。

しかし結婚式は、私にものづくりにおいて大切な想《おも》いをあらためて確信させてくれた大きな出来事となりました。

結婚式が終わった後、御出席いただいた松任谷正隆さんにこう言われました。

「あんなに花嫁が客観的に見える結婚式はなかった。あれは完全に仕事だったでしょう？」

と。

確かにそうでした。自分の結婚式とはいえ、その準備は仕事とまったく同じだったのです。スケッチブックにビジョンを描き、企画書をつくり、一緒に物語を紡いでくれるクリエイターと何度も打ち合わせをし、コミュニケーションを取りながら、アイデアを整理し、発展させ、「結婚式」をつくっていきました。披露宴には、新郎新婦がこれまでそれぞれの人生の中で出会ってきた人たちが、同じ時間に同じ空間に集まります。特に今回は家族や仲のいい友達だけではなく、クライアントの社長や各界の偉い方々もいらっしゃっての披露宴でした。そのすべての来客を喜ばせたい、子どもから社長クラスまでが全員、がっちり楽しめるエンターテインメントに仕上げ、ちゃんと感動するものをつくりたいという想いでつくっていったのです。とはいえ、感動させるといっても、こちら側が感動しすぎると見ている方は引いてしまう。ある程度笑わせながら感動してもらうというさじ加減や計算も入れながら、一編の喜劇映画をつくっているような感じでした。

その過程は、想像以上に壮絶で大変でした。しかしこれまでの仕事を通して勉強してきたグラフィックツール、空間のつくり方、催しのあり方など、すべてを活《い》かすことができたこと、そうやって本気で誰もが楽しめる時間と空間をつくっていくこと自体、本当におもしろかった。私がやってきた仕事、私がやりたい仕事はこういうことだったんだなと確認することができました。

いまの時代、何か表現したいとなったときに、大きいメディアを通さなくても、ＳＮＳやYouTubeなどを通して、誰でも手軽に、身近なところでデザインを発表する手段があります。ただ、私が今回、結婚式を通して感じたのは、わかる人がわかればいい、というものではなく、誰もが楽しめるメインストリームで勝負し、そこで人間の心を揺さぶるような表現をしていくことのおもしろさと覚悟でした。

音楽でも映画でも演劇でも、あらゆる表現においてメジャーで勝負している人たちというのは、つねに期待に応え続けている人です。演劇界だったら野田秀樹さん、蜷川幸雄さん、三谷幸喜さん、音楽であれば、Mr.Childrenや松任谷由実さん、映画であれば山田洋次監督や是枝裕和監督も、みんなそうでしょう。アートもやりたい、こんな実験や裏切りもしたいという想いを入れながらも、ストーリーの柱をしっかりとつくり、みんなが期待しているものに現役で応え続けている。到底、真似《まね》できることではなく、そこに本当のすごさを感じ、そのスピリッツにこそ、ジャンルではなく、アティテュードとしてのロックを感じるのです。そして自分もメインストリームで勝負し続けるクリエイティブディレクターでありたいと思いました。

心の故郷と懐かしい未来

結婚式をつくりながら、もうひとつ感じたことがあります。それは、もうこれで死ぬんじゃないかと思うぐらいに、生きている部分に触れている、という感覚でした。「生きていること」をデザインするということは、それぞれの「生きるとは何か」という想いが集中していくことです。逆に言えば、死を感じるぐらいに最高潮に達していくのかもしれません。これまでを振り返っても、素晴らしい映像スタッフと仕事をしているときは、これもう死ぬな、これはもう死んでるんだな、と思う瞬間がたまにあるんです。言葉で説明するのはとても難しいのですが、生と死が入り交じるような、あの世とこの世の間のような、そういう感覚につながっていくときが。

生きながら死を感じる。生と死の循環を見る。

ふと、これは私が最近感じているテーマのひとつだと思いました。

私が縁あって結婚した人は、奄美大島で生まれ育ちました。奄美大島だけではなく、日本の地方には、昔から語り継がれている伝説があります。たとえば、奄美の「ケンムン」や遠野の「かっぱ」。実際にいるのかどうかはわかりませんが、しかし、それが生まれた物語がその土地に根づいていることを、その場所に行くと感じることができます。

小さい頃からそういう伝説や物語に触れて育った人は、身体《からだ》の中に、目には見えないもの、ファンタジーを信じる力、夢を描く力、を持っているように思います。そしてそういう物語が息づく場所は、いつでも帰ることができる心の故郷になっていくように思います。残念ながらいまの東京には昔からの物語が息づいていないのではないでしょうか。その代わりに誰かがいろんな都市伝説をつくっていったのでしょう。しかしそれでは本当の意味での心の故郷にはならないだろうと思うのです。

ファンタジーには心の逃げ場があります。奄美でいう「ネリヤカナヤ」、沖縄では「ニライカナイ」といいますが、それは、この世で生を終えた人の魂が還《かえ》っていく海の彼方《かなた》にある場所のことで、生命の源であり、理想郷であるとも考えられているそうです。サンタクロースと一緒で、別にそんなものがあるかどうかなんて信じなくてもいいことなのですが、でもそれがあると信じる、そういう物語を心に持っているだけで、生きることがラクになるような気がします。家族や親しい人が亡くなってしまうことはとても悲しいことですが、いつか自分も死んだとき、またそこで再び会える。そう思うと、「いま」をしっかり生きようと思えるのです。

琉球の文化だけでなく、亡くなった人との交流は様々な国の文化にも息づいています。ストックホルムで見たお墓には、それぞれにキッチンマットぐらいのガーデンがついていて、そこにみんな好きな花の種を植えて、いろんな季節の花を咲かせていました。切り花を花瓶に入れて飾るのではなく、植物を根から生やすんです。そこには緑溢《あふ》れる庭もあれば、黄色い花やバラが綺麗《きれい》に配置されてかわいらしくつくられた庭もあり、お墓によってそれぞれの個性があり、それらの庭を見ていると、亡くなった人が顔を見せているようにも思えてきます。そして、その人が生前どんな人で、どんなふうに家族に大切にされていたのかという、その周りの人たちの顔までもが見えてきます。そこにはひとつひとつの家族の違う物語があり、それぞれの形での死者との交流がある。すごくいいなあと思いました。

あの世とこの世の間に線を引くのではなく、亡くなってもなお、継続して交流し続けるということは、これから私がファンタジーとリアルの間でどのような物語をつくることができるか、そのひとつのヒントになるような気がしています。先ほど、ものづくりをしている中で、生きていることをデザインすることは死に触れることにつながる、と書きましたが、松任谷由実さんのアルバム『POP CLASSICO』で生命の誕生をテーマにビジュアルを描いたことも、「魂の還る場所」が「生命の源の場所」でもあるという物語も、あの世とこの世を結びつけ、ユーミンさんの言う「懐かしい未来」とも不思議とつながるように思うのです。

ユーミンさんとの出会い、そして、結婚は、私にとって作品を生み出す「生命の源の場所」について考える大きなきっかけとなりました。

振り返れば、私は中学のときに広告業界に憧れ、広告業界に入り、これまで本当に多くの仕事をしてきました。それこそたくさんの「ご縁」に導かれながら、かけがえのない経験をさせてもらってきたと深く感謝しています。しかし毎回毎回の私自身の実感としては、自分の身体をすり減らすように、心身ともにギリギリのところで、いつもものづくりをしてきたという気持ちもありました。だからこそ、いま、ひしひしと思うのは、これからも自分がメジャーで勝負し続けるならば、女性としても、つくり手としても、ものを生み出す私自身の母体のエネルギーを大きくしなければ、これから先、私の中に宿るものをしっかりと迎え、育ててはいけないだろうということです。

この結婚を機に、私は自然が近くにある一軒家に引っ越しました。独立当初から、表参道のビルのワンフロアにあったgoen°のオフィスも、その新居の一部に移し、スタッフも新たにgoen°は新しいスタートを切っています。

これまでのgoen°が、植木鉢の中で木々を育てその中で花を咲かせていたとしたら、その土の植え替えを終えた私は、これから、土にしっかりと根を張り、触れる外の世界から様々なものを吸収し、過去と未来、生と死をも大きく循環するイメージを描いて、この母体のエネルギーをより豊かなものにしたいと思っています。そうすることでまた、私の中に新たに宿り、生み出されるものが、私の作品を見るだろう誰かの奥深い何かに触れ、その人をより心豊かにすることができると思うのです。

そしてこの先、どんな、いまの時代に響く新しくも懐かしいファンタジーをつくることができるのだろう。私自身、そのことがとても楽しみでならないのです。

あとがき

一人では何も生み出せない私にとって、こうして言葉にしてみることであらためて考え直すことが沢山ありました。

仕事とか、術とかいろんなやり方があるとは思いますが、まずはその「術」にいく前に、ここでは、どんなふうに生きていくか、何を見つけていくかが大事なのかもしれません。

心を乗せた人間が何を考えて、どんなふうに流され、漂い、生きているのか。それは誰ひとり、同じということはないのです。

私はこの本を制作している間に、お腹《なか》に新しい命を宿しました。女にとってはかけがえのない創作です。きっと母となるとき、また新たな想《おも》いがこれらの言葉に加わっていくのだろうと思います。そうやってつねに変化し続けて前に進む自分でありたいと思っています。

このように、自分の言葉を本にできたのは、日本で一番好きで尊敬している葛西薫さんによって息吹が与えられたからです。そのおかげで、この本は呼吸をし、みなさんも触れることができるのです。後ろ向きで生きていた言葉たちが宝物と化しました。

心から葛西さんの心遣いとデザインに感謝します。

またデザイナーの増田豊さん、ありがとうございます。

そして、この本を構成しまとめてくださった川口美保さん。

お互いに引っ越し、結婚を越えて語り合った時間が愛《いと》おしかったです。会うたびに考え方が変わっていき、その都度編集し直してくださいました。私の想いを私の心に近い形で表現してくださった川口さんに心から感謝します。

また、本書の素晴らしく気恥ずかしいタイトルは、博報堂時代から親しくしているコピーライターの林裕さんのおかげです。ありがとうございます。

さらに、こんな私に「術」を求めて踏み込んでくれたサンマーク出版の武田伊智朗さん、桑島暁子さん。

本にすることをずっと躊躇《ちゅうちょ》していた私を辛抱強く待ってくださり、またどんなに停滞しても笑顔で進めてくださいました。お二人に背中を押されなければ気づかなかった沢山のことに、あらためて出逢い直せました。心から感謝します。

なにより、読者のみなさま。

些細《ささい》な私の物語を寄り添って読んでくださったことに感謝します。

少しでも、みなさんの中の目に見えない何かに響く出逢いがあったなら嬉《うれ》しい限りです。

この本の中で良い goen。（ご縁）がありますように。

そして、お互いに、明日という新しい日を思いっきり生きていけますように。

森本千絵

森本千絵　もりもと・ちえ

goen°主宰、コミュニケーションディレクター、アートディレクター、絵人・旅人。一九七六年四月二十六日 青森県三沢市生まれ、東京都育ち。武蔵野美術大学を卒業後、博報堂から博報堂クリエイティブ・ヴォックスを経て二〇〇七年に「出逢いを発明する。夢をカタチにし、人をつなげていく。」を掲げgoen°主宰として独立。サントリーコーヒー「ボス シルキーブラック」のテレビコマーシャルやＮＨＫ朝の連続テレビ小説「てっぱん」のオープニング映像、三越伊勢丹グループとの母の日キャンペーン「goen°plant planet」の制作を手がける。松任谷由実のコンサートやＣＤのアートデザイン、Mr.ChildrenのＣＤデザインや広告のアートディレクションも担当。ニューヨーク・ＡＤＣ賞、東京ＡＤＣ賞、ONE SHOW ゴールド、アジア太平洋広告祭ゴールド、50th ACC CM FESTIVAL 特別賞「ベストアートディレクション賞」、二〇一一年日経ＷＯＭＡＮウーマン・オブ・ザ・イヤー準大賞、他多数受賞。第四回伊丹十三賞（過去に糸井重里、タモリなどが受賞）を女性初、最年少で受賞。ＡＤＣ、ＪＡＧＤＡ、ＴＤＣ会員。武蔵野美術大学客員教授。

著書に『うたう作品集』（誠文堂新光社）、『おはなしの　は』（講談社）などがある。

アイデアが生まれる、一歩手前のだいじな話

2015年4月10日　初版印刷
2015年4月20日　初版発行

著者　　森本千絵

発行人　植木宣隆
発行所　株式会社サンマーク出版
〒169-0075
東京都新宿区高田馬場2-16-11
電話　03(5272)3166
ホームページ　http://www.sunmark.co.jp
携帯サイト　http://www.sunmark.jp

印刷　　共同印刷株式会社
製本　　株式会社若林製本工場

ISBN978-4-7631-3384-7　C0030